Copyright © 2022
Odé Kileuy & Vera de Oxaguiã

Todos os direitos reservados
à Pallas Editora e Distribuidora Ltda.

Editoras
Cristina Fernandes Warth
Mariana Warth

Coordenação editorial e capa
Daniel Viana

Assistente editorial
Daniella Riet

Preparação de originais
Eneida D. Gaspar

Revisão
BR 75 | Clarisse Cintra e Aline Canejo

Projeto gráfico da coleção
Aron Balmas

Imagem de capa
Olga Grigorevykh/iStock

Este livro segue as novas regras
do Acordo Ortográfico da Língua Portuguesa.

CIP-BRASIL. CATALOGAÇÃO NA FONTE
SINDICATO NACIONAL DOS EDITORES DE LIVROS, RJ

Kileuy, Odé
Defumadores poderosos para prosperidade, união e alegria / Odé Kileuy, Vera de Oxaguiã. -- Rio de Janeiro : Pallas Editora, 2023.

ISBN 978-65-5602-118-8

1. Candomblé (Culto) 2. Candomblé (Culto) - Rituais I. Oxaguiã, Vera de. II. Título.

23-177593   CDD-299.673

Índices para catálogo sistemático:
1. Candomblé : Religiões afro-brasileiras 299.673
Eliane de Freitas Leite - Bibliotecária - CRB 8/8415

Pallas Editora e Distribuidora Ltda.
Rua Frederico de Albuquerque, 56 – Higienópolis
CEP: 21050-840 – Rio de Janeiro – RJ
Tel.: 21 2270-0186
www.pallaseditora.com.br | pallas@pallaseditora.com.br

*A vida é uma dádiva que Deus oferece a seus filhos.
Portanto, devemos valorizar e conservar nosso corpo
sempre em perfeitas condições, para agradá-lo!*

*Este livro é dedicado aos guerreiros, às guerreiras,
aos amantes, aos apaixonados e, principalmente,
aos que têm a coragem de procurar ajuda quando precisam!*

Sumário

9	Apresentação
13	**Primeira parte: Considerações gerais**
15	Conversa com os leitores
20	Ensinamentos para antes de começar a defumação
22	As ervas e seus significados
24	Essências e suas utilidades
29	**Segunda parte: Os defumadores poderosos**
30	Defumadores para descarregar, cortar feitiços, cortar vícios, ajudar na limpeza corporal e espiritual
48	Defumadores para ajudar nas questões judiciais
51	Defumadores para trazer bem-estar ao seu lar e produzir convivência pacífica entre os moradores
58	Defumadores para atrair sucesso, harmonia, tranquilidade e felicidade para as pessoas e as residências
105	Quatro defumadores especiais para afastar espíritos negativos (quiumbas), neutralizar influências negativas que causam perturbações e transtornos nos ambientes e nas pessoas
108	Outros defumadores especiais para neutralizar espíritos e influências negativas
112	Defumadores com elementos muito especiais
115	Oito defumadores de alecrim para ajudá-lo
120	Defumador especial para todas as ocasiões

122	Defumadores feitos com flores de papoula
125	Defumadores com as flores da bougainville
128	Defumadores especiais para atrair um amor ou para esquentar seus momentos amorosos
136	Defumadores especiais para pessoas que trabalham nas madrugadas (bares, boates, danceterias e cabarés)
142	Defumadores para aliviar as doenças físicas, o estresse e a depressão, e reativar o prazer de viver, espantando o cansaço emocional e mental

Apresentação

Neste ano de 2023, a Editora Pallas tem o prazer de publicar mais dois livros de Odé Kileuy (George Maurício) e Vera de Oxaguiã (Vera Barros), completando uma dezena de obras desses autores em seu catálogo.

A parceria literária com Vera e Odé Kileuy começou em 1993, com a publicação de *Como fazer você mesmo seu ebó*, seguida em 1994 por *Feitiços para prender o seu amor,* e em 2004 por *Presenteie seus orixás*. Os três são coletâneas de simpatias, rituais e oferendas para homenagear entidades e pedir sua ajuda nos assuntos do cotidiano. Em 2009, foi a vez de *O candomblé bem explicado*, um clássico dos autores que, com base em pesquisas cuidadosas, esclareceram conceitos até então pouco discutidos das religiões de matrizes africanas no Brasil.

A seguir vieram *De bem com a vida*, de 2011, *Vodum Sorroquê*, de 2012, e *Banquetes para Exu, Pombagira e o mestre Zé Pelintra*, de 2017, que falam sobre encantamentos, oferendas e entidades.

Ainda em 2017, publicamos *Banhos poderosos para grandes conquistas*, com mais de 250 receitas e incluindo informações sobre ingredientes e orientações sobre o uso dos banhos. Finalmente, em 2023, chegou a vez de *Defumadores poderosos*, com mais de 200 receitas, e *Ebós poderosos*, com mais de 300 receitas. Esses três livros formam uma trilogia, que denominamos Trilogia dos Poderosos, que aborda procedimentos mágico-litúrgicos que podem ser usados com segurança por fiéis e leigos, em seu dia a dia, para obter proteção, equilíbrio e prosperidade.

Defumadores poderosos começa comentando o significado e a função dos defumadores, procedimentos gerais, cuidados e materiais necessários para sua realização. A seguir, são apresentadas as receitas, organizadas de acordo com as finalidades para as quais os defumadores são dirigidos.

É importante ressaltar que o conteúdo deste livro resulta da experiência pessoal dos autores como membros do clero do candomblé de nação Fon no Rio de Janeiro.

Como é dito em *O candomblé bem explicado*, a linhagem religiosa de George e Vera remonta a Gaiaku Rosena. Africana de Aladá (no Benim), Rosena veio para o Brasil em 1864, diretamente para o Rio de Janeiro, onde fundou, no bairro da Saúde, o terreiro Kwe Podabá – a primeira casa de candomblé fon fluminense.[*] Gaiaku Rosena iniciou Adelaide do Espírito Santo (Mejitó), iniciadora de mãe Natalina, que fundou o Kwe Sinfá, em São João de Meriti. Mãe Natalina iniciou Rui de Olissá, que por sua vez iniciou Artur (Odé Cialê), que fundou casa em Duque de Caxias. Odé Cialê iniciou George Maurício, que na época assumiu o nome religioso de Odé Kitauají.

George complementou sua formação religiosa com Iyá Ominibu (iniciada por Mãe Tansa, da linhagem do Axé Poegí, "Cacunda de Yayá", fundado por Gaiaku Satu em Salvador). Agora conhecido como babalorixá Odé Kileuy, George fundou sua roça em Edson Passos (RJ), em 1982, professando o candomblé Nagô-Vodum.

---

[*] Dados do mapeamento dos terreiros de candomblé do Rio de Janeiro (publicado pela Pallas em 2014 sob o título *Presença do axé*) e de depoimentos de Agenor Miranda Rocha, citados em: CONDURU, Roberto. Das casas às roças: comunidades de candomblé no Rio de Janeiro desde o fim do século XIX. *Topoi*, v. 11, n. 21, p. 178-203, jul.-dez. 2010.

Ali iniciou Vera de Oxaguiã, que se tornou sua parceira na missão de divulgar, de maneira clara e objetiva, conhecimentos que muitas vezes os seguidores da religião levam muitos anos para desvendar – quando conseguem superar os desvios os erros e as ambiguidades que encontram pelo caminho. O resultado dessa busca de conhecimento foi um trabalho cuidadoso, no sentido de divulgar o que pode ser revelado, sem ferir a ética do sigilo religioso, e respeitando diferentes opiniões, sejam elas pessoais ou decorrentes de diferenças entre vertentes religiosas. Os autores não pretendem ensinar práticas litúrgicas e iniciáticas, mas apenas ajudar fiéis das religiões e estudiosos que desejam aumentar seus conhecimentos sobre os aspectos práticos da religião, além de garantir que esses conhecimentos não se percam ao longo do tempo.

Tudo isso torna as obras de Vera e Kileuy sempre bem-vindas nesta Casa, que também é deles!

As Editoras

Primeira Parte

Considerações gerais

Conversa com os leitores

Desde as civilizações mais antigas, variadas religiões sempre se utilizaram da defumação e, até hoje, muitas ainda se utilizam deste ato sagrado.

O defumar é uma forma de limpar os ambientes, de desintegrar as negatividades e também de perfumar os locais de concentração de pessoas. Sendo assim, a defumação é um ato de limpeza espiritual, pois sua fumaça produz um sentido de ligação da terra com o sagrado.

É através da distribuição da fumaça, que é produzida pela união dos elementos usados, que, ao se espalhar, ao subir, essa fumaça sagrada leva nossos pedidos e mensagens ao Astral, atingindo as entidades e as divindades.

É uma forma de fazer contato com o Astral, causando um bem-estar e uma alegria a todos os presentes, servindo para proporcionar melhor harmonia nos templos e nas igrejas.

O ato da defumação é uma forma de nos aproximarmos das forças da Natureza e também de trazê-las para mais perto de nós, para que possam nos ajudar, e de alegrá-las, através do seu contato direto com os seres humanos.

As pessoas também gostam de defumar suas casas ou seus ambientes de trabalho porque se sentem mais leves e protegidas em sua vida pessoal e no seu dia a dia.

Inúmeras religiões, como o catolicismo, o candomblé, a umbanda, o hinduísmo, o budismo e muitas outras, utilizam o defumador há séculos. No início de cada ritual, os ambientes e as pessoas são limpas e defumadas, para que sejam iniciados os rituais sagrados.

Os antigos já usavam a tradição das ervas, das folhas, das raízes, das resinas, para fazer suas defumações e conseguir, através dela, a purificação dos corpos físico e astral e também para neutralizar as perturbações espirituais e físicas.

A mirra e o incenso são poderosos elementos usados nos defumadores. O incenso faz a representação da fé, promove boas energias e ajuda na espiritualidade. Já a mirra traz o simbolismo da purificação e promove a limpeza do espírito e do corpo humano.

A fumaça da defumação, ou das varetas de incenso, provoca o mesmo benefício aos homens, às residências e também aos estabelecimentos comerciais.

Nós necessitamos tanto da limpeza espiritual como da limpeza material, para que tenhamos uma vida com mais harmonia, serenidade e tranquilidade. Para tanto, precisamos saber como combater e afastar as negatividades e as impurezas e ter sempre sob nosso controle a nossa parte mental, nossa parte física, nossos pensamentos e atitudes adequadas e positivas.

O ser humano tem três centros principais: o emocional, o físico e o intelectual. Todos guiados e movimentados pela sua força vital. Você só precisa conseguir alinhar esses três centros na sua vida diária, pois se um deles se alterar, os outros também correm o risco de falhar.

A sua energia vem do seu centro físico, do seu corpo físico, e essa energia precisa ser dirigida e canalizada, caso contrário a sua força ficará reduzida a nada. E, assim, você sucumbirá à primeira dificuldade. Por isso, primeiro sempre fortaleça seu corpo físico.

Procure manter seus centros emocional e intelectual em perfeitas condições mentais, em alinhamento. Não deixe seu centro intelectual anuviado, pois você perderá o controle da consciência, da realidade, e você precisa, primordialmente, ficar consciente, para tomar conta de sua vida e de seus problemas.

Os defumadores agem no emocional, no consciente e na parte física, limpando e afastando perturbações que agem nos TRÊS centros. Por isso, defume sua casa ou seu comércio, defume-se e defume as demais pessoas presentes, para que haja uma limpeza mais generalizada, colocando todos mais sintonizados, centrados e equilibrados.

E é através da força e da ajuda produzidas pelas substâncias utilizadas – as ervas, as folhas, as flores medicinais – que esses elementos exercem grande influência, no nosso corpo, quando das defumações. Também por meio dos banhos perfumados, que revigoram nosso campo etéreo, eles fortalecem a nossa positividade e nos proporcionam alegria e beleza.

As ervas medicinais nos dão ajuda também em medicamentos. O homem ainda desconhece a grande força e influência das substâncias das plantas. Muitas plantas continuam desconhecidas do ser humano.

Muitos povos, há séculos, fazem suas essências, seus banhos, seus pós, conservando todo o aroma, o vigor e o poder das ervas, ao macerá-las. Eles se utilizam da essência que está nas folhas, nos galhos, nas raízes, nas flores, nos frutos das árvores, e toda essa substância é retirada do âmago, do centro das ervas.

Ao fazermos um defumador, o calor da brasa, o calor da vida na Terra, já é um condutor que aquece e que afasta os elementos negativos. Quando misturado com ervas, essências ou outros elementos condutores de positividade, produz uma fumaça cheirosa, que se espalha e que vai para o Astral. Essa fumaça limpa os ambientes das condições negativas e traz propriedades positivas.

Os defumadores têm inúmeras qualidades e utilidades; só precisamos saber fazer as combinações certas dos elementos a serem usados.

Existem defumadores perfeitos para cortar a inveja e o olho-grande da sua casa, de você, da sua vida, e até do bom entrosamento familiar.

Precisamos saber afastar inimigos ou rivais, invisíveis ou declarados, e quebrar suas forças.

Certos bloqueios espirituais, que você muitas vezes nem imagina que tem, um bom defumador vai ajudar a cortá-los, limpar e abrir seus caminhos.

A residência ou local de trabalho bem harmonioso, alegre e com união é sempre alvo de olho-grande, e isso produz olhares negativos, que podem trazer brigas e desentendimentos.

Após uma boa defumação, passe um pano, umedecido com o seu desinfetante preferido, em todo o ambiente. Alguns dias depois, passe também um novo pano molhado com água misturada com algumas gotas de essência de maçã-verde, essência de baunilha, cravo e canela em pó.

Procure sempre perfumar os ambientes, para trazer alegria, amizade e entendimento, aliviando e clareando a sua residência ou seu estabelecimento comercial.

O mundo está provocando problemas sérios de saúde, através do estresse, da depressão, da tristeza, da ansiedade. Esses itens podem ser aliviados pela defumação, porque a fumaça limpa o corpo físico e o centro emocional e intelectual, além de dar condições de a pessoa ter força e energia para reagir contra essas negatividades que tanto maltratam os seres humanos nos dias atuais.

Uma das piores coisas que podem acontecer a uma pessoa é um olhar invejoso dirigido a uma família feliz; um pensamento negativo direcionado a uma pessoa que está conseguindo crescer na vida, lutando com seus próprios esforços e vencendo pelos seus méritos. Pense bem: às vezes até mesmo um simples aperto de mão faz você captar energia negativa. E por aí seguem muitas outras situações que podem ser ajudadas pelos defumadores e pelos banhos de ervas. Por tudo isso, e por muito mais, as religiões e as pessoas fazem defumações, numa forma de defesa, de abertura de seus caminhos. Tudo resguardado pelas forças poderosas da Natureza que estão nas plantas, nas folhas, nas pequenas ervas, nas flores! Como dizem os nossos mais velhos e mais sábios: "A Natureza não precisa de nós; nós é que precisamos dela". Por isso, precisamos amá-la com entusiasmo e resguardá-la com carinho. Use-a bem, com sabedoria e na medida certa! Com certeza vai dar certo!

Odé Kileuy e Vera de Oxaguiã

Ensinamentos para antes de começar a defumação

Defumar é um ato que deve ser feito com fé. É acreditar que vai conseguir, que vai fazer acontecer! Não inicie nada com pensamentos negativos, e persista sempre no seu objetivo, sem imediatismos, achando que tudo vai acontecer "no dia seguinte"!

O mundo das ervas é diretamente ligado às fases da Lua e às suas vibrações. As ervas encontram, em cada fase da Lua, diferentes situações ou condições, que podem ser adversas ou positivas para o seu nascimento e o seu crescimento. Essas fases também as harmonizam com o homem e com o meio ambiente.

Justamente por essas questões é que os defumadores para atrair coisas positivas para sua vida devem ser feitos sempre em Lua Cheia, Crescente ou Nova.

Aqueles defumadores para limpeza, para despachar negatividades, deverão ser feitos em Lua Minguante ou na Lua Nova, que é uma Lua considerada neutra.

Antes de começar uma defumação, ou até mesmo antes de fazer uso de incensos, tome seu banho diário, vista uma roupa suave, clara e confortável. Limpe sua mente e procure só ter bons pensamentos, otimismo e esperança. Use a sua positividade, a sua autoestima, o seu alto-astral. Tudo isso ajuda ainda mais para que as forças da Natureza colaborem e ajam a nosso favor.

E não se esqueça: colocar uma gota de amor em tudo que for fazer é fundamental!

Antes de defumar, varra e limpe bem a sua residência ou o seu comércio. Abra as janelas e portas, procure fazer durante o dia, com a claridade e a luminosidade especiais do Sol.

Se você morar em prédio ou em condomínio com regras explícitas, procure fazer um defumador mais suave, sem produzir muita fumaça, para evitar problemas ou desentendimentos. O importante é fazer com fé e firmeza, não importando a quantidade de fumaça. Não devemos procurar importunar as pessoas, pois o que não queremos para nós não devemos fazer aos outros.

Se necessário, você poderá, após passar o defumador na sua residência, apagá-lo com água, pois o principal ingrediente para a limpeza, a fumaça, já foi produzida e percorreu seu caminho.

Se puder deixar queimando num canto, não se esqueça de, no dia seguinte, após as brasas se apagarem, colocar as sobras do defumador numa praça ou embaixo de uma árvore (não precisa deixar o recipiente onde fez o braseiro).

Se não houver realmente a possibilidade de defumar as pessoas, procure um campo afastado, um sítio, uma fazenda, um local aberto e limpo e defume-as lá. (Não acreditamos que isso ocorra nos dias atuais, quando temos leis que nos são favoráveis, mas preferimos dar algumas orientações que poderão ser úteis.)

Importante: se você não encontrar algumas folhas ou flores indicadas, procure-as nas casas especializadas, na forma "desidratada".

As ervas e seus significados

Alecrim: ajuda a limpar o corpo, o espírito e as residências. Também é conhecida como "a erva da alegria, da felicidade".
Alfazema: é um poderoso atrativo feminino. Ajuda a limpar, purificar e suavizar os ambientes. Ajuda na prosperidade e no entendimento entre as pessoas.
Amor-do-campo: é chamada de "a folha da riqueza".
Amor-perfeito: ajuda na conquista de um amor romântico e duradouro.
Anis-estrelado: provoca atração sexual. Ajuda também na prosperidade, trazendo alegria e harmonizando os ambientes.
Arruda: abre os caminhos, traz defesa, corta o olho-grande e a inveja. É atrativo de positividade e protege a área profissional.
Benjoim: combate as energias negativas e concentra as energias positivas. Purifica os ambientes.
Colônia: traz paz, tranquilidade e estabilidade emocional. Ameniza os ambientes.
Cravo-da-índia: é atrativo, provoca sensualidade, e também ajuda na prosperidade e no dinheiro.
Elevante: abre os caminhos, neutraliza as negatividades.
Eucalipto: limpa, descarrega e purifica os ambientes carregados.
Flor-de-jade: conhecida como a "planta da sorte, da amizade e da prosperidade".
Louro: abre os caminhos, chama dinheiro e prosperidade, trazendo energia ao ambiente. É também excelente afrodisíaco.
Madressilva: ajuda no desenvolvimento da intuição e da criatividade, na arte.

Manjericão: dá defesa, proteção, tornando a pessoa mais alerta.

Mirra: faz a limpeza astral da casa, afastando os maus fluidos. Ajuda a desmanchar feitiços. Proporciona equilíbrio às pessoas. Embora não seja erva, a mirra é essencial em certos defumadores, porque ajuda muito na limpeza astral.

Palha da cana: traz sorte, prosperidade, e também afasta espíritos nefastos.

Rosa-branca: paz e harmonia.

Sândalo: atrativo do sexo oposto, é também muito usado para aliviar dores ou sofrimentos.

Essências e suas utilidades

A seguir apresentamos algumas das essências que utilizaremos nos defumadores. A essência é importante porque estabiliza, é estimulante, atrativa, neutralizante. A essência tem muitas qualidades que são necessárias ao bom andamento da nossa vida e do nosso cotidiano.

Acácia: ajuda a ter um sono calmo.
Alecrim: ativante da alegria das pessoas, traz a paz aos lares. Purifica e limpa os ambientes, neutralizando as tristezas, as negatividades da vida, e protegendo de depressões, de ansiedades.
Alfazema: traz atração, fascínio, sedução, tranquilidade. Muito bom para ser usado por quem curte ou trabalha nas noites. Traz harmonia e equilíbrio para os ambientes.
Algas: combate tensão e ansiedade.
Algodão: ajuda na tranquilidade, na paz, na harmonia de pessoas e ambientes e na saúde.
Almíscar: excelente para o amor e o romance. Atrai boa sorte e permite ativar a sua intuição.
Angélica: ajuda na conexão da parte espiritual com a parte física das pessoas. Fortalece a compreensão e a paciência e estimula as pessoas a usarem a fé em seu proveito. Usada à noite, proporciona um sono mais tranquilo.
Anis-estrelado: atrai a sorte e as energias positivas.
Arruda: corta feitiços, afasta olho-grande e inveja, corta as demandas, purifica os ambientes.
Baunilha: ajuda na defesa e na limpeza do corpo astral. Traz harmonia e ajuda a combater a depressão, sendo, ainda, um grande atrativo sexual. Considerada a "essência da plenitude, da totalidade".

Benjoim: aumenta o poder criativo; limpa e purifica os ambientes.
Bergamota: dá equilíbrio mental, é relaxante, tranquilizante. Ajuda na prosperidade, no sucesso e nas conquistas.
Café: estimulante, ativa a autoestima, dá disposição e conduz à determinação. Prosperidade financeira.
Camomila: ajuda a acalmar o sistema nervoso, a hiperatividade, aliviando o estresse. Ajuda também na realização de bons negócios.
Canela: abre os caminhos, atraindo dinheiro e intuição para bons negócios. Traz mudanças, bons fluidos e boas vibrações espirituais. Essência afrodisíaca, é muito usada em feitiços para o amor e também para a prosperidade e para a amizade.
Capim-limão (capim-santo): estimulante, muito indicado para pessoas depressivas, desanimadas. Produz movimento financeiro.
Coco: ajuda na evolução, na solução das dúvidas.
Cravo-branco ou vermelho: elimina as energias negativas, atraindo a boa sorte financeira. Sucesso no amor, fortuna e caminhos abertos.
Cravo-da-índia: traz prosperidade, claridade. Excelente para quem trabalha ou se diverte na noite.
Crisântemo: atração.
Dama-da-noite: afrodisíaco, aumenta a sensualidade feminina. Ideal para quem trabalha na noite.
Erva-cidreira: acalma, relaxa, apazigua sua vida, sua residência ou seu ambiente de trabalho. Também atrai a felicidade e ajuda a encontrar o verdadeiro amor.
Erva-doce: neutraliza e afasta o mau-olhado, cortando as dificuldades e ajudando a trazer o equilíbrio. Atrai a harmonia e a paz espiritual. Alivia o estresse.
Eucalipto: limpa e purifica os ambientes. Traz defesa, afasta as forças negativas e abre os caminhos. Renova as energias.

Flor de laranjeira: atrai boa sorte no amor, prosperidade financeira, ajuda nos assuntos emocionais e financeiros. Ajuda na união, cortando as revoltas e as inimizades.

Gerânio: é estimulante para a fadiga física ou o desgaste mental. Afasta o medo e incute uma proteção física. Excelente para proteger as residências e ajuda no fechamento de bons negócios.

Girassol: produz movimento, claridade, pois traz a força da energia solar. Proporciona fascínio, encantamento. Traz alegria ao ambiente. Sucesso e prosperidade.

Guaraná: é reativante, excitante.

Hortelã: elimina as energias negativas e ajuda a anular feitiços. Auxilia na concentração e na tomada de decisões.

Incenso: propicia meditação e relaxamento.

Jasmim: ajuda no amor, trazendo bons fluidos. Traz energia física e saúde. Harmoniza os casais. Ajuda nos feitiços de amor e na fertilidade.

Laranja: é estimulante, harmonizante, proporcionando proteção e paz. Ajuda na prosperidade, traz sorte e amor.

Lavanda: afasta a depressão, a ansiedade, e proporciona um sono tranquilo. Purifica e dá proteção.

Limão: proporciona resistência e traz ajuda para enfrentar as dificuldades do dia a dia.

Lírio: é excelente para o amor e para o trabalho.

Lótus: é utilizado nos ambientes de meditação.

Maçã: traz calmaria, tranquilidade.

Maçã-verde: traz calmaria, tranquilidade, alegria, jovialidade. Atrativo da sorte e do amor.

Manjericão: atrai a boa sorte, a prosperidade e a felicidade. Dá proteção, purificando nosso corpo físico e espiritual.

Maracujá: calmante, dá estabilidade emocional. Muito usado em feitiços de paixão, de sensualidade.

Mel: traz boa sorte e prosperidade, acalmando as dores e as mágoas.

Melissa: combate a insônia, ajuda a superar o estresse e suas consequências.
Morango: traz alegria, energia, sensualidade.
Noz-moscada: proporciona boa sorte nos negócios, trazendo alegria. Dá proteção.
Opium: proporciona fascínio, sensualidade, encantamento. Dá determinação e fortalece o espírito. Combate o estresse.
Orquídea: muito usada nos momentos íntimos. Purifica o ambiente de trabalho.
Patchuli: ativa, ajuda na união amorosa e na amizade.
Rosa-amarela: traz prosperidade, sorte, conquistas, brilho, sucesso e alegria.
Rosa-branca: propicia tranquilidade, harmonia, bom sono. Acalma e purifica os ambientes.
Rosa-vermelha: ajuda na sensualidade, no amor, na atração, na alegria. É ideal para quem trabalha na noite.
Sândalo: proporciona paz, espiritualidade, entusiasmo, evolução, mudanças.
Verbena: usada para atração, para o amor. Provoca magia e encantamento. Corta a tristeza e a melancolia. Também é muito usada pelas pessoas que trabalham na noite.
Violeta: ajuda a afastar energias negativas da casa ou da vida. É energética. Seu perfume acalma e limpa a mente, cortando a insegurança da pessoa. É usada para feitiços de amor e para trazer a paz.

Segunda Parte

Os defumadores poderosos

Defumadores para descarregar, cortar feitiços, cortar vícios, ajudar na limpeza corporal e espiritual

Defumador de descarrego é aquele indicado para fazer limpeza espiritual, corporal, ambiental, e é sempre feito de "dentro para fora", ou seja, começa-se a defumação nos fundos da residência ou do comércio e termina-se na porta de entrada. Quando é possível, deve-se deixar o incensador no local até que as brasas se apaguem.

Esses defumadores para descarrego devem ser feitos preferencialmente em Lua Minguante ou em Lua Nova. Deixe as janelas abertas e, se puder, também a porta de entrada.

Você não precisa fazer defumador todo dia, mas se puder fazer duas vezes por semana, é o ideal. Porém, tenha paciência, deixe o tempo agir. Nada na vida acontece de imediato. Procure sempre perceber qual defumador lhe foi mais favorável, aquele em que a resposta foi mais rápida.

Se, por acaso, você não puder deixar o defumador queimando até o final, ou na entrada da sua casa ou do seu comércio, ou nos fundos (muitas pessoas moram em apartamentos e muita fumaça pode causar pequenos problemas, que podem ser evitados), apague o defumador com um pouco de água. Isso não vai cortar o efeito, pois a fumaça já fez o seu papel de limpeza e de mensageira para o Astral.

Coloque um copo com água em local central da sua residência ou do seu comércio. Após a defumação, jogue a água na rua. A água funciona como purificador, limpando, descarregando e levando as negatividades.

Use folhas secas, ou desidratadas, picotadas; a noz-moscada deve ser sempre ralada; as favas recomendadas também devem ser raladas ou trituradas. Algumas folhas podem ser difíceis de achar, por isso procure um erveiro de confiança ou uma loja especializada.

Já existem ervas de todo tipo desidratadas, que são facilmente encontradas em grandes supermercados, lojas de produtos naturais e até mesmo em farmácias e drogarias. Alguns dias após fazer o defumador de descarrego, o ideal é fazer um defumador mais "frio", usando-se, por exemplo, mirra, benjoim, incenso, noz-moscada ralada, para trazer positividade e um equilíbrio ao ambiente.

Faça a seguir um banho de descarrego, que ensinamos em nosso livro *Banhos poderosos*.

DEFUMADOR 1
Para limpar a pessoa e ajudá-la a se afastar dos vícios (bebidas, drogas etc.)

Elementos
- *folhas de jabuticabeira, secas*
- *folhas de alumã, secas*
- *folhas de bilreiro, secas*
- *uma noz-moscada, ralada*

Como fazer
Junte todos os elementos. Faça um braseiro forte e vá colocando aos poucos os ingredientes até levantar a fumaça. Defume a pessoa específica, mas não diga para que é este defumador (se não puder defumar a pessoa, pendure num cabide roupas usadas da pessoa e defume-as). Use a força positiva do seu pensamento e vá fazendo seus pedidos enquanto defuma. Faça duas vezes por semana durante um mês, e depois uma vez por semana, até sentir que está surtindo efeito. O defumador não impede que a pessoa seja tratada medicinalmente ou psicologicamente. Ele é somente mais uma forma de ajudar, que vem do sagrado. Boa sorte!

DEFUMADOR 2
Para cortar negatividades, olho-grande e afastar a inveja

Elementos
- sete favas de olho-de-boi, macho, quebradas ou socadas
- sete favas de olho-de-boi, fêmea (menores que as favas macho), quebradas ou socadas
- uma noz-moscada, ralada
- uma colher, de sopa, de incenso

Como fazer
Misture os elementos, coloque no braseiro e passe o defumador de dentro de casa para fora, pedindo para levar a inveja, a cobiça, o olho-grande, as negatividades. Se puder, deixe num canto na parte externa de sua moradia.

DEFUMADOR 3
Para afastar pessoa inconveniente do seu caminho

Elementos
- sete cabeças de sardinha, secas e trituradas (jogar fora o corpo)
- sete folhas de eucalipto, secas e picadas
- um pouco de palha de alho roxo

Como fazer
Misture tudo e vá pondo aos poucos por cima do braseiro. Quando a fumaça levantar, defume de dentro para fora, desde os fundos até a porta da entrada, fazendo seus pedidos para que a pessoa lhe esqueça, desapareça dos seus caminhos, não lhe perturbe, que siga o caminho dela etc.

Deixe queimando ali até se apagar e coloque as sobras numa praça ou embaixo de uma árvore, de preferência bem longe de sua residência ou do seu comércio. Após três dias, faça um defumador para trazer paz, alegria, prosperidade, que você encontrará neste livro. Boa sorte!

DEFUMADOR 4
Para cortar feitiço, magia, perseguição

Elementos
- *sete folhas de pau-d'água, secas e picadas*
- *folhas de dendezeiro, secas e picadas*
- *uma colher, de sopa, de azeite de dendê*

Como fazer
Junte os elementos e vá colocando devagarinho por cima da brasa, até começar a sair a fumaça. Venha defumando de dentro para fora, pedindo que a fumaça leve todas as negatividades, feitiço, olho-grande, inveja etc. Se puder, deixe num canto até se apagar ou apague com um pouco de água.

Como este defumador é "muito quente", o ideal é que, após umas duas horas, de preferência pela manhã ou à tarde, você faça um defumador mais leve, com folhas mais brandas, mais suaves (procure neste livro e você achará), agora começando pela porta da entrada e terminando nos fundos da residência ou do comércio. Após se apagar, coloque o que restou longe de sua casa, numa graminha ou embaixo de uma árvore. Dê um banho em todos os presentes com macaçá, elevante ou alecrim, da cabeça aos pés. Faça novamente 15 dias depois.

DEFUMADOR 5
Para cortar feitiços e pragas

Elementos
- *uma cabeça de peixe olho-de-cão ou bagre, seca e triturada*
- *um pouco de palha de alho*
- *um pouco de casca de cebola roxa*
- *sete dentes de alho, amassados*
- *um par de favas de olho-de-boi (macho e fêmea)*

Como fazer

Misture os elementos muito bem. Faça um bom braseiro. Coloque aos poucos, devagar, os ingredientes em cima do braseiro e defume sua casa ou comércio a partir dos fundos, em todos os cômodos, e as pessoas, sempre fazendo seus pedidos, com fé e fervor, às forças poderosas da Natureza, a quem ninguém consegue vencer. Deixe na porta da entrada até se apagar. Leve para despachar longe ou jogue num rio ou no mar. Depois faça um banho com ervas frescas maceradas, como alecrim ou manjericão, para todos os moradores.

Faça este defumador duas vezes ao mês, durante o período em que sentir o ambiente meio carregado.

DEFUMADOR 6
Para afastar a influência de espíritos maléficos, negativos

Elementos
- *folhas de dendezeiro, secas e picadas*
- *um pedaço pequeno e picado de assafete*
- *uma colher, de sopa, de açúcar mascavo*
- *uma colher, de sopa, de azeite de dendê*

Como fazer

Junte os elementos e vá colocando aos poucos por cima de um braseiro. Ao começar a sair a fumaça, passe pela casa ou comércio, de dentro para fora, terminando na porta de entrada. Se puder, deixe queimar até se apagar, ou apague com um pouco de água. Leve as sobras para um local distante de sua casa e coloque embaixo de uma árvore. Por este ser considerado um "defumador quente", após dois dias faça um defumador mais suave (procure neste livro), pela manhã ou à tarde, para abrandar, trazer alegria, felicidade etc. Faça novamente uma ou duas semanas depois.

DEFUMADOR 7
Para afastar a inveja e as contendas da sua vida

Elementos
- *folhas de arruda macho, secas*
- *folhas de arruda fêmea, secas*
- *uma colher, de sopa, de açúcar mascavo*
- *raiz de dandá-da-costa ralada*
- *uma colher, de sopa, de azeite de dendê*

Como fazer
Misture as folhas e ponha no braseiro. Acrescente o açúcar, o dandá--da-costa e o azeite de dendê. Defume sua residência ou seu comércio, começando nos fundos e vindo até a porta, pedindo para sair a inveja e o olho-grande, cortar as brigas etc. Se puder, deixe o braseiro no local, para que a fumaça continue agindo, fazendo a limpeza do ambiente.

DEFUMADOR 8
Para cortar rivalidades e olho-grande

Elementos
- *alguns pedaços de capim-navalha com raiz, triturado e seco*
- *uma colher, de sopa, de fubá*
- *sete folhas de peregum (pau-d'água), secas e cortadas*

Como fazer
Faça um braseiro forte. Junte os ingredientes e vá colocando, aos poucos, por cima do braseiro. Defume, desde a parte dos fundos da residência ou do comércio, todos os cômodos, as pessoas, e deixe queimando, até se apagar, na porta da frente. Leve as sobras para uma praça movimentada, longe de sua casa, ou jogue num rio ou no mar. Pode fazer duas vezes por mês, mas sempre três dias depois faça um defumador para trazer paz, prosperidade e alegria, agora começando na porta da frente e terminando nos fundos (você achará algum neste livro).

DEFUMADOR 9
Para cortar discórdias e guerras

Elementos
- *folhas e sementes de aroeira-vermelha*
- *uma colher, de sobremesa, de açúcar cristal*

Como fazer
Misture os elementos e coloque por cima de um braseiro bem forte. Defume sua residência ou seu comércio, desde os fundos, passando por todos os cômodos e terminando na porta da frente. Peça às forças poderosas para cortar as brigas, as confusões, as guerras, os desentendimentos etc. Coloque num canto até se apagar e depois leve as sobras para um local longe de sua casa. No dia seguinte ou após três dias faça um defumador para atrair coisas positivas.

DEFUMADOR 10
Para cortar as demandas, os conflitos, os desentendimentos

Elementos
- *folhas de vence-demanda, picadas*
- *folhas de desata-nó, picadas*
- *folhas de pau-d'alho, picadas*
- *folhas de quebra-pedra*
- *uma noz-moscada, ralada*
- *uma colher, de sopa, de incenso*

Como fazer
Misture os elementos, coloque num braseiro e defume a residência ou seu comércio, de dentro para fora, três vezes por semana, durante um mês, sempre fazendo seus pedidos para saírem as negatividades, as guerras, as brigas etc.

DEFUMADOR 11
Para descarregar ambientes, afastar influências nefastas

Elementos
- uma colher, de sopa, de raspa de chifre de boi ou de búfalo (você pode comprar nas casas de artigos religiosos)
- duas colheres, de sopa, de açúcar

Como fazer
Misture os ingredientes e vá colocando aos poucos em cima de um braseiro. A seguir, defume a residência ou o comércio, desde os fundos até a porta de entrada. Deixe queimar até as brasas se apagarem.

DEFUMADOR 12
Para acalmar ambientes conturbados, com brigas constantes

Elementos
- folhas de manacá
- folhas de cana-do-brejo, secas (ou desidratadas)
- folhas de alecrim, secas
- uma colher, de sopa, de gergelim

Como fazer
Misture os ingredientes, coloque por cima do braseiro e defume a sua residência ou o seu comércio, de fora para dentro, pedindo pela paz, pela união etc. Deixe num cantinho até se apagar. Depois, despache num matinho limpo.

DEFUMADOR 13
Para cortar más influências e conflitos e trazer tranquilidade

Elementos
- um ramo de eucalipto verde (fresco)

- *folhas de louro, picadas*
- *palha de alho*
- *cascas de cebola, secas*
- *uma colher, de sopa, de açúcar*

Como fazer

Coloque o ramo de eucalipto dentro de sua casa e deixe secar. Retire as folhas secas, pique-as e junte os demais elementos. Prepare um braseiro e vá colocando o defumador, aos poucos, e defume as pessoas presentes e depois a sua residência, a partir dos fundos, terminando na porta da frente. Você pode fazer este defumador uma vez por semana.

DEFUMADOR 14
Para espantar olho-grande e trazer sorte

Elementos
- *palha de alho*
- *casca de cebola*
- *uma colher, de sopa, de açúcar*
- *folhas de arruda macho, secas*

Como fazer

Faça um braseiro e vá colocando aos poucos os ingredientes acima já bem misturados. Abra as janelas e comece a defumar de dentro para fora. Defume também as pessoas, terminando de defumar na porta da frente da residência ou do comércio. Se puder, deixe ali até queimar por completo e, após se apagar, despache num local limpo, embaixo de uma árvore ou num gramado. Guarde o incensador para os próximos defumadores.

DEFUMADOR 15
Para cortar feitiços e guerras na sua casa ou no seu comércio

Elementos
- *folhas de mangueira, secas*
- *folhas de aroeira, secas*
- *uma noz-moscada, ralada*
- *uma colher, de chá, de fava de aridã ralada*

Como fazer
Junte os ingredientes e coloque, aos poucos, por cima de um braseiro; comece calmamente a defumar, a partir dos fundos da sua residência ou do seu comércio até a porta de entrada, pedindo para cortar os feitiços, a inveja, as guerras, as confusões etc. Defume todos os que estiverem presentes. Deixe em um local até que apague e, após, despache as sobras num local limpo, numa praça, embaixo de uma árvore ou num matinho.

DEFUMADOR 16
Para afastar conflitos e forças negativas da vida da família

Elementos
- *uma colher, de sopa, de açúcar*
- *dez gotas de essência de eucalipto*
- *folhas de louro, picadas*
- *uma colher, de sopa, de açúcar mascavo*
- *cascas de alho*

Como fazer
Misture todos os elementos e vá colocando, aos poucos, por cima de um braseiro (acrescente a essência por último). Comece defumando as pessoas e defume a casa a partir dos fundos, terminando na porta da frente. Deixe queimar até se apagar. Jogue as sobras num

rio ou em uma mata ou praça bem longe de sua residência ou do seu comércio. Repita duas vezes por mês.

DEFUMADOR 17
Para afastar a inveja e o olho-grande da sua casa ou do seu estabelecimento comercial

Elementos
- *folhas de aroeira, secas*
- *folhas de cajueiro, secas*
- *folhas de cana-do-brejo, secas*
- *uma colher, de sopa, de açúcar*

Como fazer
Junte todos os elementos e coloque aos poucos por cima de um braseiro. Comece defumando a partir dos fundos da sua casa ou do seu comércio. Defume também as pessoas presentes, sempre pedindo para afastar inveja, negatividades, olho-grande etc. Deixe num cantinho até se apagar e depois despache num lugar limpo, num gramado.

DEFUMADOR 18
Para limpar e abrir seus caminhos

Elementos
- *folhas de cipó-chumbo*
- *folhas de cipó-cravo*
- *folhas de acocô*
- *um pouco de cabelo de milho*

Como fazer
Junte os ingredientes, vá colocando aos poucos em cima do braseiro e venha defumando de dentro para fora, até a porta de entrada da sua residência ou do seu comércio. Defume as pessoas presentes também. Deixe no local do término da defumação até se apagar e despache na rua, numa encruzilhada.

DEFUMADOR 19
Para cortar inveja e feitiço das obras em sua casa

Elementos
- *folhas de cajá-manga, secas*
- *folhas de mangueira*
- *folhas de bilreiro*
- *uma colher, de sopa, de açúcar*
- *uma colher, de chá, de pimenta-branca, em pó*

Como fazer
Pique as folhas e misture todos os elementos. Coloque em cima dos carvões em brasa e venha defumando de dentro da sua casa ou do seu estabelecimento comercial até a porta de entrada. Deixe num canto da entrada até se apagar e depois coloque as sobras embaixo de uma árvore.

Este defumador é muito quente; no dia seguinte faça um outro defumador com uma mistura de açúcar, mate e erva-doce, de fora para dentro, ou com folhas mais leves, mais suaves, conforme ensinado nas páginas deste livro.

DEFUMADOR 20
Para cortar guerras, purificar o ambiente, atrair boas amizades

Elementos
- *folhas de são-gonçalinho*
- *folhas de cajá*
- *folhas de aroeira*
- *folhas de panaceia*
- *folhas de mutamba*

Como fazer
Junte todas as folhas e vá colocando aos poucos em cima de um braseiro. Defume as pessoas presentes e todos os ambientes, de dentro até a porta de entrada, fazendo seus pedidos. Deixe o defumador

perto da porta de entrada até se apagar. Depois, despache as sobras embaixo de uma árvore.

DEFUMADOR 21
Para descarregar ambientes com energia negativa

Elementos
- *um charuto*
- *uma colher, de sopa, de açúcar*
- *uma noz-moscada, ralada*
- *uma colher, de sobremesa, de canela em pó*

Como fazer
Faça um braseiro. Desmanche o charuto e misture com os demais elementos. Coloque, aos poucos, por cima do braseiro. A seguir, defume as pessoas e, logo após, a residência, iniciando nos fundos e terminando na porta da frente. Faça este defumador duas vezes por semana, durante um mês.

DEFUMADOR 22
Para acalmar brigas e desavenças na sua casa ou no seu trabalho

Elementos
- *folhas e flores de romã*
- *uma raiz de dandá-da-costa*
- *uma colher, de sopa, de farinha de mandioca*
- *uma noz-moscada, ralada*
- *uma colher, de sopa, de incenso*
- *uma colher, de sopa, de açúcar*

Como fazer
Junte os elementos e vá colocando aos poucos por cima de um braseiro. Deixe a fumaça se espalhar e defume calmamente as pessoas e, a seguir, toda a residência, começando pelos fundos e terminando na porta da frente, pedindo pela paz, pelo entendimento, pela har-

monia no ambiente. Repita este defumador três vezes por semana, durante um mês. Depois, poderá ser feito uma vez por semana.

DEFUMADOR 23
Para defender você e a sua família das maldades alheias e da inveja

Elementos
- *folhas de erva-de-passarinho*
- *folhas de alfavaca*
- *folhas de pata-de-vaca*
- *folhas de dama-da-noite*
- *uma colher, de sopa, de anis-estrelado em pó*
- *uma colher, de sobremesa, de açúcar mascavo*

Como fazer
Misture os ingredientes e coloque aos poucos no braseiro. Balance bem o incensório e comece a defumar da porta de entrada até os fundos da residência ou do comércio. Defume também as pessoas presentes, sempre fazendo seus pedidos. Procure fazer este defumador duas vezes por mês.

DEFUMADOR 24
Para afastar discórdias, guerras, confusões

Elementos
- *uma romã com sementes, seca e triturada (ou somente algumas folhas de romã, secas)*
- *um pedaço de anil (ou uma colher, de chá, de wáji)*
- *uma colher, de sopa, de açúcar refinado*

Como fazer
Triture a romã, ou corte em pedaços as folhas, e misture com os demais ingredientes. Faça um braseiro e coloque aos poucos os elementos. Quando levantar fumaça, venha defumando dos fundos da residência até a porta da entrada. Leve para um canto, apague com

água e despache embaixo de uma árvore (se for para defumar uma pessoa com problemas, leve a pessoa para um local bem afastado, passe o defumador e deixe-o lá). Ao chegar em casa, todos devem tomar um banho com folhas frescas (alecrim, macaçá ou manjericão), da cabeça aos pés.

DEFUMADOR 25
Para descarregar, cortar brigas e limpar o ambiente caseiro ou de trabalho

Elementos
- *folhas de peregum (pau-d'água), picadas (podem ser secas, verdes ou desidratadas)*
- *folhas de cordão-de-frade, picadas*
- *uma colher, de sopa, de azeite de dendê (óleo de palma)*

Como fazer

Prepare um braseiro. Misture os elementos e coloque aos poucos por cima do braseiro. Comece a defumar de dentro para fora, percorrendo todos os cômodos. Deixe esfriar e coloque numa mata, embaixo de uma árvore.

Este defumador é considerado muito "quente", por isso, após umas três horas, faça um defumador com elementos mais suaves, mais brandos, defumando todos os presentes e percorrendo a casa desde a porta da entrada até os fundos. Deixe queimar e despache numa praça. Procure neste livro um defumador bem leve para fazer.

DEFUMADOR 26
Para afastar as influências negativas, ajudar a melhorar sua parte financeira e trazer fartura

Elementos
- *uma colher, de sobremesa, de cominho em pó*
- *uma colher, de sopa, de azeite de dendê*
- *duas colheres, de sopa, de açúcar refinado*

Como fazer

Misture os elementos e vá colocando aos poucos por cima do braseiro. Deixe a fumaça se espalhar e defume as pessoas presentes. Logo a seguir, comece a defumar da porta da sua residência, ou do seu comércio, até os fundos do ambiente. Não se esqueça de ir pedindo o que deseja. Use a sua fé e o seu pensamento positivo para fazer com que as coisas "aconteçam". Deixe o recipiente no local até as brasas se apagarem. Defume duas vezes por semana, durante um mês. Posteriormente, defume uma vez por semana.

DEFUMADOR 27
Para abertura de caminhos, afastar negatividades

Elementos
- *uma colher, de sobremesa, de cominho em pó*
- *três pedaços de canela em pau*
- *meia colher, de sopa, de cravo-da-índia*
- *folhas de abre-caminho, secas e picadas*

Como fazer

Faça um braseiro. Junte bem os elementos e vá colocando, aos poucos, por cima do braseiro até soltar fumaça. Comece a defumar as pessoas, e a seguir o ambiente, desde a porta de entrada até os fundos, fazendo seus pedidos, pedindo abertura de caminhos, prosperidade, saúde etc. Deixe a lata do defumador no local até as brasas se apagarem. Faça duas a três vezes por semana, durante um mês, ou quando sentir que o ambiente precisa ser defumado.

DEFUMADOR 28
Para espantar olho-grande e inveja de sua casa e da vida de sua família

Elementos
- *essência de arruda*

- *uma fava de olho-de-boi picada*
- *uma colher, de sopa, de açúcar mascavo*

Como fazer

Misture a fava e o açúcar e coloque por cima do braseiro. Espere levantar a fumaça e acrescente poucas gotas da essência, para perfumar o ambiente. Defume a partir dos fundos da casa, até a porta de entrada, todos os presentes e também toda a casa. Após o defumador se apagar, jogue o restante num rio ou numa mata ou gramado. Faça de 15 em 15 dias. Depois, faça uma vez por mês.

DEFUMADOR 29
Para limpar as negatividades que bloqueiam a parte financeira, que não deixam o seu comércio crescer

Elementos
- *folhas de arruda macho, secas*
- *folhas de arruda fêmea, secas*
- *um olho-de-boi, triturado*
- *folhas de sálvia*
- *um pouco de casca de alho roxo*

Como fazer

Junte todos os ingredientes, picando as folhas. Prepare um braseiro e, aos poucos, coloque o defumador até começar a levantar fumaça. Defume de dentro para fora, ou seja, comece pelos fundos e termine na porta da frente, primeiro você e as pessoas presentes. Vá pedindo às forças da Natureza e do Astral que limpem e retirem tudo que for negativo, que esteja atrapalhando o seu sucesso. Faça duas vezes por mês ou quando sentir necessidade. Prosperidade!

DEFUMADOR 30
Para cortar o olho-grande, abrir caminhos e atrair positividade

Elementos
- *uma fava de andará, triturada*
- *folhas de para-raio, secas e picadas*
- *folhas de dinheiro-em-penca, secas*
- *folhas de erva-tostão, secas*
- *uma colher, de sopa, de açúcar mascavo*

Como fazer
Junte todos os ingredientes e coloque, aos poucos, devagar, por cima do braseiro. Comece a defumar a partir da porta da entrada; defume a casa ou o comércio toda(o) e as pessoas também, pedindo que a fumaça leve para o Astral o olho-grande, a inveja, os caminhos fechados, e atraia bastante dinheiro, trabalho, saúde etc. Deixe queimando nos fundos da casa. Quando se apagar, leve para uma praça bem movimentada e coloque num matinho ou embaixo de uma árvore frondosa e sem espinhos. Boa sorte!

Defumadores para ajudar nas questões judiciais

DEFUMADOR 31
Para ajudar na solução de causas difíceis (justiça, dinheiro, inimigos etc.)

Elementos
- *folhas e raiz de capim-navalha, cortadas em pedaços, secas (ou desidratadas)*
- *açúcar mascavo*

Como fazer
Após fazer um braseiro, misture os ingredientes e vá colocando aos poucos por cima da brasa, até começar a sair a fumaça. Defume você primeiramente e as pessoas do local, fazendo seus pedidos, com fé e firmeza. Pense positivamente na solução de seus problemas e a seguir comece a defumar o local a partir dos fundos, em todos os cômodos, e termine na porta de entrada. Se puder, deixe num canto da entrada até se apagar. Leve as sobras e coloque na porta de uma igreja, à noite, ou espalhe aos poucos numa praça.

DEFUMADOR 32
Para agilizar questões de justiça

Este defumador vai ajudar as forças da Natureza a acelerarem as soluções dos problemas judiciais pendentes, pois ele limpa o ambiente e desintegra as negatividades que estejam emperrando as soluções necessárias.

Elementos
- *uma porção de caroços de quiabos, secos*
- *folhas de elevante, secas*
- *folhas de para-raio, secas*

Como fazer
Prepare um braseiro. Misture os ingredientes e vá colocando aos poucos por cima do braseiro. Abra as janelas e, se puder, deixe a porta entreaberta. Defume a partir da entrada da residência para dentro, primeiro as pessoas e depois cômodo por cômodo, fazendo seus pedidos.

Deixe num canto até se apagar, depois leve as sobras e coloque numa praça movimentada, deixando embaixo de uma árvore. Sucesso!

DEFUMADOR 33
Para trazer respostas positivas aos problemas judiciais

Elementos
- *21 cabeças de quiabo, secas, cortadas em quatro partes*
- *uma colher, de sobremesa, de benjoim*

Como fazer
Coloque em cima de um braseiro bem forte os ingredientes acima e espere até surgir a fumaça. Comece defumando, a partir da porta de entrada, a pessoa que está com problemas na justiça, a seguir os demais presentes e o ambiente todo, vagarosamente, sempre pedindo tudo que deseja. Este defumador, que parece simples, é muito poderoso e forte, basta você usar a sua força de pensamento positivo em conjunto com a sua fé. Você poderá repeti-lo duas vezes por semana, até obter um parecer que lhe seja favorável ou necessário. Deixe queimar e leve as sobras para um local movimentado. Bons augúrios!

DEFUMADOR 34
Para trazer soluções aos problemas de justiça

Elementos
- *sete quiabos secos, triturados ou picados*
- *folhas do pé de quiabo, secas*

- *uma colher, de sopa, de noz-moscada, ralada*
- *sete folhas-da-fortuna, secas*
- *folhas de dinheiro-em-penca, secas*

Como fazer
Pique os elementos, misture-os e ponha em cima de um braseiro forte. Ao começar a esfumaçar, defume desde a porta de entrada e termine nos fundos da residência. Inicie pela pessoa que está com problemas judiciais, as demais pessoas e cômodo por cômodo. Deixe queimando num canto e, ao se apagar, despache as sobras num gramado limpo ou coloque embaixo de uma árvore sem espinhos. Faça duas vezes por semana, durante um mês.

DEFUMADOR 35
Para ajudar em questões judiciais que irão reverter financeiramente em seu benefício

Elementos
- *sete quiabos secos, triturados*
- *uma fava de jucá, triturada ou quebrada*
- *sete folhas de louro*

Como fazer
Prepare um braseiro bem forte. Misture os ingredientes e vá colocando aos poucos em cima do braseiro. Defume a partir da porta da entrada todas as pessoas e todos os cômodos, vagarosamente, fazendo mentalização positiva e pedindo o que deseja. Ao terminar, deixe queimando num cantinho nos fundos da residência. Leve as sobras para uma praça e coloque num canto gramado limpo. Boa sorte!

Defumadores para trazer bem-estar ao seu lar e produzir convivência pacífica entre os moradores

DEFUMADOR 36
Para acalmar ambientes conturbados e afastar as tristezas e a melancolia

Elementos
- folhas de erva-cidreira, secas
- uma colher, de sopa, de camomila
- uma colher, de sopa, de erva-doce
- folhas de amor-do-campo

Como fazer

Misture os ingredientes, coloque aos poucos em cima das brasas e comece a defumar da porta da entrada, passando por todos os cômodos e também as pessoas que ali estiverem, sempre usando a sua fé e a sua positividade, e pedindo o que deseja. Leve até os fundos da residência ou do comércio e deixe até se apagar. Leve o resto do defumador a uma praça e coloque num local limpo e reservado. Faça duas vezes por mês, ou quando sentir o ambiente carregado.

DEFUMADOR 37
Defumador que ajuda a acalmar criança rebelde e a trazer o equilíbrio e a paz para a família

Muitas vezes as crianças, com sua sensibilidade infantil, pressentem e recebem cargas mais pesadas, que provocam desequilíbrio e desarmonia. A fumaça do defumador tem o poder de limpar os ambientes e as pessoas, levando para o

Astral a parte negativa que paira no ar e que desestabiliza as crianças, principalmente, e, muitas vezes, a própria família.

Elementos
- *sete rosas-mariquinha brancas ou rosa, secas (colhidas no jardim)*
- *uma colher, de sopa, de açúcar cristal*

Como fazer
Despetale as rosas e misture com o açúcar. Faça um braseiro forte e coloque aos poucos os elementos. Comece a defumar, desde a porta de entrada, as crianças e todos os componentes da família. Defume a seguir toda a residência, com pensamento firme e fervoroso. Leve até os fundos e deixe lá até se apagar. Leve depois as sobras e coloque num jardim bem bonito, arborizado e limpo. Ponha embaixo de uma árvore sem espinhos ou no meio de um local florido. Faça três vezes por mês, no princípio, e depois um dia a cada mês.

DEFUMADOR 38
Para cortar brigas e desarmonia familiar ou comercial

Elementos
- *folhas de aroeira, picadas (podem ser secas ou frescas)*
- *uma colher, de sopa, de açúcar*

Como fazer
Prepare um braseiro. Misture os ingredientes e coloque aos poucos no braseiro, até levantar fumaça. Comece a defumar dos cômodos dos fundos até a porta de entrada de sua residência ou de seu comércio, fazendo seus pedidos, usando pensamento positivo para afastar as negatividades. Deixe acabar de queimar na entrada. Quando se apagar completamente, leve as sobras, ponha num pedaço de papel e jogue embaixo de uma árvore longe de sua casa. Depois de alguns dias faça um outro defumador, para atrair coisas boas e positivas, existente neste livro. Felicidades!

DEFUMADOR 39
Para "limpar" e iluminar o ambiente familiar

Elementos
- folhas de arruda, secas
- folhas de guiné, secas
- folhas de aroeira, secas (ou um pedaço de entrecasca da aroeira)
- uma colher, de sopa, de açúcar cristal

Como fazer
Coloque um galho de arruda macho e um galho de arruda fêmea num recipiente com um pouco de água e deixe em local bem visível durante alguns dias. Conforme as folhas forem secando, vá guardando-as, para utilizar nos defumadores.

Pique as folhas, junte o açúcar e coloque num braseiro, defumando sua casa ou seu comércio de dentro para fora, fazendo seus pedidos. Deixe o defumador no local onde você terminou a defumação, para que a fumaça continue agindo e limpando o ambiente. No primeiro mês, faça três dias por semana; posteriormente, pode fazer uma vez por semana.

DEFUMADOR 40
Para limpar ambientes conturbados, cortar as perseguições, proporcionar calmaria

Elementos
- palha de carnaubeira, seca
- uma colher, de sopa, de farinha de mandioca
- uma colher, de sopa, de açúcar mascavo

Como fazer
Misture os ingredientes e espalhe por cima do braseiro até levantar fumaça. Comece a defumar, desde os fundos, todos os cômodos e as pessoas presentes, até a porta da frente. Deixe num cantinho até se apagar e depois leve as sobras para um gramado ou uma praça e espalhe na grama num lugar afastado.

DEFUMADOR 41
Para trazer segurança familiar

Elementos
- *cera de carnaúba*

Como fazer
Prepare um braseiro e coloque em cima dele um pouco da cera de carnaúba. Deixe num canto da casa até se apagar. Ao final, leve as sobras e deixe embaixo de uma árvore.

DEFUMADOR 42
Para afastar más influências espirituais dos lares

Elementos
- *sete dentes de alho com casca, socados*
- *cascas de cebola roxa*
- *folhas de eucalipto, secas*
- *uma colher, de sopa, de azeite de dendê*
- *um pedaço pequeno de breu*

Como fazer
Coloque um pouco da mistura dos ingredientes em cima de um braseiro e defume dos fundos da residência ou do comércio até a porta de entrada, pedindo para retirar o olho-grande, a inveja, a cobiça etc.

DEFUMADOR 43
Para neutralizar ambientes carregados, tristes e desarmoniosos

Elementos
- *folhas e flores de jasmim, secas (ou desidratadas)*
- *folhas de cana-do-brejo, secas (ou desidratadas)*
- *folhas de manjerona, desidratadas*
- *uma colher, de sopa, de açúcar refinado*

Como fazer

Misture todos os ingredientes. Prepare um braseiro e vá colocando o defumador aos poucos, começando a defumar de dentro para fora. Peça às forças poderosas do Astral para descarregar as tristezas, as desarmonias, as doenças etc. Defume todos os cômodos da residência ou do seu comércio e as pessoas presentes. Deixe num cantinho até o braseiro se apagar e despache tudo embaixo de uma árvore ou num gramado.

DEFUMADOR 44
Para neutralizar e trazer tranquilidade e harmonia

Elementos
- *folhas de pitanga*
- *folhas de colônia*
- *folhas de avenca, secas*
- *folhas de cana-do-brejo*
- *folhas de bem-com-deus*
- *folhas de alecrim*

Como fazer
Junte todas as folhas. Faça um braseiro e, aos poucos, vá colocando os ingredientes e comece a defumar desde os fundos da casa até a porta de entrada e também todos os ocupantes. Vá fazendo seus pedidos e sentindo a vibração positiva deste defumador poderoso. Deixe o incensório num canto até se apagar totalmente e despache numa praça, num gramado. Boa sorte!

DEFUMADOR 45
Para apaziguar e acalmar ambientes de brigas e desentendimentos

Elementos
- *essência de bromélia*
- *essência de algodão*

- essência de rosa-branca
- duas colheres, de sopa, de açúcar de confeiteiro

Como fazer

Faça um braseiro e coloque aos poucos o açúcar. A seguir, vá colocando algumas gotas das essências, produzindo assim uma fumaça muito cheirosa. Comece, então, a defumar a partir da porta da entrada as pessoas e, a seguir, toda a residência, com calma e sempre fazendo seus pedidos e suas mentalizações de coisas positivas, harmoniosas e pacíficas. Deixe queimar até se apagar num canto nos fundos da residência ou do seu comércio. Paz!

DEFUMADOR 46
Para refrescar e neutralizar os maus fluidos de um lar

Elementos
- *folhas de menta*
- *folhas de eucalipto*
- *folhas de tília*
- *uma colher, de sopa, de açúcar cristal*

Como fazer

Misture os elementos e vá colocando, aos poucos, por cima de um braseiro, e comece a defumar de fora para dentro. Passe o defumador nas pessoas e em todo o ambiente, fazendo seus pedidos às forças poderosas da Natureza, usando seu pensamento positivo. Deixe em um canto, queimando até se apagar. As sobras do defumador, coloque embaixo de uma árvore ou num gramado. Repita sempre que sentir que sua moradia está "carregada".

DEFUMADOR 47
Para neutralizar as guerras, as brigas, as desavenças

Elementos
- *cascas de maçã-verde, picadas*
- *flores de laranjeira, secas*
- *pétalas de duas rosas-brancas*
- *uma colher, de sopa, de açúcar*
- *uma colher, de sopa, de incenso*
- *uma colher, de sopa, de benjoim*

Como fazer
Junte o açúcar, o incenso e o benjoim e misture bem. Acrescente os demais elementos. Faça um braseiro e coloque, aos poucos, os ingredientes e vá defumando sua residência ou seu comércio, fazendo seus pedidos para cortar as brigas, as confusões etc., desde a porta de entrada até o último cômodo. Deixe lá o braseiro, espalhando ainda mais a fumaça pelo ambiente. Faça sete dias corridos e depois duas vezes por semana, durante um mês. Posteriormente, faça um dia a cada semana.

Defumadores para atrair sucesso, harmonia, tranquilidade e felicidade para as pessoas e as residências

DEFUMADOR 48
Para atrair fartura, plenitude e estabilidade

Elementos
- *folhas de oliveira (podem ser desidratadas)*
- *uma colher, de sopa, de açúcar cristal*
- *seis gotas de essência de baunilha*
- *uma colher, de chá, de canela em pó*

Como fazer

Misture o açúcar, a canela e a essência. Acrescente as folhas de oliveira. Faça um braseiro e vá colocando aos poucos o defumador, até levantar uma boa fumacinha. Defume, sempre fazendo seus pedidos, desde a porta da frente, começando pelas pessoas e, a seguir, pela casa toda, até os fundos. Deixe num canto queimando até se apagar. Depois, leve as sobras e coloque em local de bastante movimento, numa praça ou num gramado.

DEFUMADOR 49
Para atrair sorte, abrir caminhos, neutralizar negatividades

Elementos
- *uma colher, de sopa, de sementes de girassol*
- *um pouco de cabelo de milho*
- *sete folhas de louro, picadas*
- *folhas de dinheiro-em-penca*
- *folhas de abre-caminho*

- *uma noz-moscada, ralada*
- *uma colher, de chá, de páprica doce*

Como fazer

Junte os ingredientes e misture bem. Faça um braseiro e jogue aos poucos os elementos por cima dele. Comece defumando, desde a porta da frente, todas as pessoas presentes e, após, cada cômodo da residência ou do seu comércio. Defume com calma todos os cantos, pedindo ajuda às forças poderosas que regem o local, mentalizando sorte, prosperidade, trabalho, boas vendas, enfim, somente positividade. Deixe queimando nos fundos do local até se apagar. Quando esfriar, leve as sobras e deixe num local de grande movimento, embaixo de uma árvore ou num gramado.

DEFUMADOR 50
Para fazer um desbloqueio financeiro, atrair sorte

Este defumador é ideal para ajudar a facilitar as pendengas judiciais que estão emperradas, para limpar o ambiente e também para atrair muita sorte.

Elementos

- *uma colher, de sopa, de sementes de girassol*
- *flores de verbena, desidratadas*
- *uma fava de pichurim, ralada*
- *pétalas de uma rosa-branca*
- *uma colher, de sopa, de açúcar mascavo*

Como fazer

Faça um braseiro. Misture todos os elementos e vá colocando aos poucos sobre o braseiro e comece a defumar, calmamente, desde a porta da frente, da residência ou do estabelecimento comercial, passando por todos os cômodos. Defume bem os escritórios, se houver. Vá fazendo sua mentalização, seus pedidos. Quando chegar aos fundos, coloque num canto e deixe queimar até se apagar e esfriar.

Leve as sobras e ponha em volta do tronco de uma árvore grande, sem espinhos. Você pode fazer quando desejar ou duas vezes por mês.

DEFUMADOR 51
Para harmonizar, cortar discórdia, trazer felicidade

Elementos
- uma noz-moscada, ralada
- uma colher, de sopa, de páprica
- um pedaço de gengibre, ralado
- uma colher, de sopa, de açúcar refinado

Como fazer

Prepare o braseiro. Junte os elementos e coloque aos poucos por cima do braseiro. Quando começar a levantar a fumaça, defume as pessoas e inicie a defumação da porta da entrada, passando por todos os cômodos e findando nos fundos. Deixe no local até se apagar. Faça às segundas, quartas e sextas-feiras durante um mês. Depois, faça de 15 em 15 dias, produzindo um halo de harmonia dentro do ambiente em que você e sua família vivem. Felicidades!

DEFUMADOR 52
Para atrair sucesso financeiro, progresso

Elementos
- folhas de erva-cidreira
- folhas de uva (podem ser desidratadas)
- uma colher, de sopa, de açúcar refinado
- uma noz-moscada, ralada
- uma colher, de chá, de orégano seco

Como fazer

Junte os elementos e coloque, aos poucos, por cima de um braseiro bem forte. Deixe a fumaça exalar seu perfume e comece defumando as pessoas desde a porta da frente. Continue defumando a casa toda, sempre com pensamento positivo e fazendo seus pedidos. Deixe na parte dos fundos queimando até se apagar. Jogue as sobras num gramado ou deixe embaixo de uma árvore. Faça de 15 em 15 dias e, depois, uma vez por mês. Muita sorte e sucesso!

DEFUMADOR 53
Para atrair estabilidade financeira, riqueza

Elementos
- *essência de mirra*
- *essência de benjoim*
- *duas colheres, de sopa, de açúcar mascavo*

Como fazer

Coloque o açúcar aos poucos por cima de um braseiro, acrescente a seguir algumas gotas das essências e vá defumando as pessoas e a residência, de cômodo em cômodo, a partir da porta de entrada. Deixe queimando num cantinho, nos fundos da sua residência. Repita sempre que sentir necessidade.

DEFUMADOR 54
Para atrair brilho, energias favoráveis, uma sintonia positiva entre todos da casa

Elementos
- *essência de almíscar*
- *essência de framboesa*
- *duas colheres, de sopa, de açúcar refinado*
- *casca de uma maçã, picada*

Como fazer

Misture o açúcar e as cascas e ponha por cima de um braseiro. Aguarde levantar a fumaça e acrescente algumas gotas das essências. Deixe levantar uma fumaça cheirosa e vá defumando desde a porta de entrada da sua casa, passando nas pessoas e em todos os cômodos. Faça seus pedidos, usando sua fé e sua positividade para conseguir a ajuda das forças da Natureza. Deixe queimando até se apagar nos fundos da casa. Repita uma vez por semana, durante um mês, e depois faça uma vez por mês.

DEFUMADOR 55
Para atrair a felicidade para os seus caminhos

Elementos
- *essência de hortelã*
- *essência de fortuna*
- *essência de cereja*
- *pétalas de uma rosa-branca*
- *pétalas de uma rosa-amarela*
- *duas colheres, de sopa, de açúcar cristal*

Como fazer

Junte as pétalas com o açúcar e ponha por cima do braseiro. Deixe a fumaça espalhar-se e acrescente algumas gotas das essências. Use essa fumaça cheirosa e defume as pessoas presentes e o ambiente, em todos os cômodos, desde a entrada. Faça com calma, fazendo seus pedidos e usando pensamento somente em coisas boas e positivas. Deixe queimar no fundo da casa ou do comércio. Repita de 15 em 15 dias. Sorte e felicidade!

DEFUMADOR 56
Para ajudar a manter estável seu lado financeiro

Elementos
- *folhas de pau-brasil*
- *uma colher, de sopa, de açúcar mascavo*
- *essência de cravo*
- *essência de canela*
- *essência de lavanda*
- *uma colher, de sopa, de açúcar refinado*

Como fazer

Junte o açúcar mascavo, o refinado e as folhas. Coloque num braseiro e espere a fumaça surgir. Pingue, a seguir, algumas gotas das essências por cima. Deixe a fumaça espalhar-se e defume as pessoas e a casa também, desde a porta de entrada, terminando nos fundos. Deixe queimando até se apagar. Faça três vezes por semana, depois faça de 15 em 15 dias e, após, uma vez por mês. Sorte!

DEFUMADOR 57
Para atrair dinheiro, vendas, um trabalho

Elementos
- *pó de páprica*
- *uma noz-moscada, ralada*
- *uma colher, de sopa, de açúcar mascavo*

Como fazer

Junte os elementos e ponha em cima de um braseiro. Comece a defumar da porta da entrada as pessoas e todo o local, com calma, serenidade, silêncio e pensamentos positivos. Quando chegar aos fundos da residência ou do estabelecimento comercial, deixe num canto até se apagar. Faça três vezes por semana, depois faça de 15 em 15 dias, até sentir melhora. A seguir, faça uma vez por mês. Prosperidade e sorte!

DEFUMADOR 58
Para trazer coisas boas, positivas, melhorar as vendas

Este defumador afasta os obstáculos que impedem que você tenha mais sorte financeira.

Elementos
- *uma colher, de sopa, de gengibre desidratado*
- *uma colher, de sopa, de alho desidratado*

- *cascas de cebola*
- *uma colher, de sopa, de jasmim desidratado*
- *pó de caril*
- *uma noz-moscada, ralada*
- *uma colher, de sopa, de erva-doce*

Como fazer

Junte os elementos. Faça um braseiro bem forte e coloque, aos poucos, o defumador, deixando sair uma fumaça que vai se espalhando pelo ambiente. Defume as pessoas e, a seguir, todos os cômodos da casa ou do comércio, vagarosamente, fazendo seus pedidos e calmamente usando seu poder positivo de conquistar o que deseja. Deixe queimando nos fundos. Se houver sobras, coloque numa praça ou num gramado. Faça três vezes por semana e, após, de 15 em 15 dias. Sorte!

DEFUMADOR 59
Para viver em paz e harmonia com a família e com o ser amado

Elementos
- *essência de coco*
- *essência de crisântemo*
- *essência de orquídea*
- *uma colher, de sopa, de farinha de mandioca*
- *uma colher, de sopa, de gergelim*
- *flor de amor-perfeito*
- *duas colheres, de sopa, de açúcar refinado*
- *pétalas de rosa-branca*

Como fazer

Deixe à parte as essências. Misture os demais ingredientes e coloque aos poucos em cima de um braseiro bem forte. A seguir, pingue algumas gotas de cada essência e comece a defumar a partir da porta da frente até os fundos da residência ou do seu comércio. Passe o defumador também pelas pessoas, ou pelo seu amor, vagarosamente, pedindo paz, união, alegria. Deixe nos fundos até se apagar. Faça três vezes por semana e depois repita quando sentir que o ambiente está carregado de más vibrações e com desarmonia.

DEFUMADOR 60
Para dar estabilidade e fortalecer sua vida, sua casa

Tal como o bambu, que verga mas não quebra, este defumador traz segurança e força para nossas casas e para nossas vidas.

Elementos
- *alguns pedaços pequenos de bambu-mirim*
- *uma noz-moscada, ralada*
- *uma colher, de sopa, de açúcar comum*

Como fazer
Prepare um braseiro forte e vá acrescentando aos poucos os ingredientes. Deixe a fumaça começar a subir e defume-se. A seguir, defume as pessoas e comece a defumar da porta da entrada, toda a casa ou todo o comércio e termine nos fundos, fazendo seus pedidos, mentalizando força, prosperidade, crescimento, segurança etc. Deixe queimando até se apagar. As sobras, coloque, se puder, num bambuzal, numa praça ou numa matinha limpa. Faça umas duas vezes por mês. Força e firmeza em sua vida!

DEFUMADOR 61
Para acalmar ambientes conturbados e influenciados por energias negativas

Elementos
- *folhas de erva-cidreira, secas*
- *folhas de capim-santo (ou capim-limão), secas*
- *folhas de avenca, secas*
- *flor de amor-perfeito*

- *uma colher, de chá, de pó de sândalo*
- *uma colher, de sopa, de incenso*

Como fazer

Faça um braseiro e, após misturar todos os elementos, vá colocando-os aos poucos, até levantar fumaça. Defume as pessoas e depois o ambiente, começando dos fundos até a entrada da residência. Faça durante três dias seguidos, durante uma semana, e depois uma vez por semana ou por mês, conforme sentir o ambiente.

DEFUMADOR 62
Para ter segurança e plenitude em sua vida

Elementos
- *folhas de quina-rosa, secas*
- *folhas de nogueira, secas*
- *folhas de capeba (pariparoba), secas*
- *folhas de sete-sangrias, secas*
- *incenso*
- *mirra*
- *benjoim*

Como fazer

Junte os ingredientes muito bem. Prepare um bom braseiro e acrescente aos poucos o defumador. Comece a defumar desde a porta da casa, defume todos os presentes e vá defumando todo o ambiente, sempre com bons pensamentos, firmeza e fé. Deixe nos fundos da casa até se apagar. Leve as sobras e espalhe sutilmente por uma rua de comércio e prosperidade. Se quiser, faça duas vezes por mês. Sorte!

DEFUMADOR 63
Para trazer paz e defesa

Elementos
- *folhas de aroeira-branca, com sementes*
- *uma colher, de sobremesa, de açúcar mascavo*

Como fazer

Faça um braseiro e espalhe por cima, aos poucos, os ingredientes, até surgir a fumaça. Comece a defumar, desde a porta de entrada, todos os cômodos, as pessoas presentes, e termine nos fundos, usando o pensamento em coisas positivas, na felicidade, na paz etc. Deixe ali até se apagar e depois despache as sobras numa praça.

DEFUMADOR 64
Para a limpeza espiritual de sua residência ou do seu comércio

Elementos
- *três orobôs, ralados (deixar secar)*
- *uma colher, de chá, de pimenta-branca em pó*
- *casca de cebola*
- *palha de alho*
- *uma colher, de sopa, de azeite de dendê*

Como fazer

Junte os ingredientes e coloque no braseiro, colocando o dendê por último, e faça a defumação de dentro para fora, ou seja, comece nos fundos da casa ou do comércio e termine na porta da entrada, sempre pedindo para levar todas as negatividades, as perturbações etc. Deixe o braseiro por um período no local, para espalhar a fumaça por todo o ambiente. Leve as sobras e coloque num local limpo em uma praça ou próximo a uma igreja.

DEFUMADOR 65
Para paz, harmonia, tranquilidade e união

Elementos
- *folhas de cerejeira, secas (ou desidratadas)*
- *folhas de colônia, secas*
- *folhas de lírio-branco, secas*
- *pétalas de três rosas-brancas, secas ou frescas*
- *uma colher, de sopa, de incenso*

Como fazer
Coloque alguns pedaços de carvão em um incensório e deixe que fiquem em brasa. Misture os ingredientes e coloque no braseiro aos poucos, até levantar fumaça. Defume-se e defume os demais presentes. A partir daí, comece a defumação na porta da entrada, pedindo às forças do Astral e da Natureza harmonia, união, saúde, prosperidade, paz etc., e prossiga em todos os cômodos. Quando chegar aos fundos da residência ou do seu comércio, deixe até se apagar. Depois pegue as sobras e coloque num local limpo, numa praça, numa mata ou embaixo de árvore frondosa e sem espinhos. Faça sempre que sentir que o ambiente está ficando desarmonioso, ou faça duas vezes por mês. Força e paz!

DEFUMADOR 66
Para promover uma ligação com as divindades das matas, trazendo a felicidade e a alegria

Elementos
- *folhas e talos de erva-da-jurema*
- *folhas de guiné, secas e picadas*
- *folhas de panaceia, secas e picadas*
- *uma colher, de sopa, de açúcar cristal*
- *um pouquinho de estrume de boi, bem seco*

Como fazer
Faça um braseiro, junte todos os elementos e vá colocando aos poucos por cima do braseiro, até fazer fumaça. Comece a defumar da porta da frente e entre em todos os cômodos, defumando também as pessoas presentes, sempre fazendo seus pedidos às forças divinas da Natureza. Quando chegar aos fundos da casa ou do comércio, deixe num cantinho até se apagar e depois coloque as sobras numa praça, embaixo de uma árvore bem frondosa ou num matinho limpinho.

DEFUMADOR 67
Para descarregar seu corpo, o ambiente familiar e também o ambiente de trabalho

Elementos
- *folhas de erva-da-jurema, secas e picadas*
- *folhas de alecrim-do-campo, secas e picadas*
- *um pouco de saco-saco*

Como fazer
Prepare um braseiro. Junte os ingredientes e coloque aos poucos por cima do braseiro, até levantar fumaça. Defume começando pelos fundos, passando por todos os cômodos, pelas pessoas que estiverem presentes, e termine na porta da frente. Se puder, deixe queimando até se apagar num cantinho; se não puder, apague com um pouco de água. Faça este defumador duas vezes por mês para ter um ambiente harmonioso e pacífico para todos os seus componentes. Sorte!

DEFUMADOR 68
Para desatar os nós que atrapalham a sua vida, abrir os caminhos, trazer claridade, progresso, crescimento

Elementos
- *folhas de desata-nó, secas*
- *incenso (o verdadeiro)*
- *uma colher, de sopa, de açúcar*
- *uma noz-moscada, ralada*

Como fazer
Misture os ingredientes e defume a sua casa e todos os moradores, ou o seu comércio, durante um mês, começando da porta da entrada até os fundos e deixando lá, para a fumaça espalhar-se em todo o ambiente. Mentalize somente coisas boas e positivas, que tudo irá melhorar. Quando se apagar, leve as sobras e coloque numa praça ou num matinho limpo.

DEFUMADOR 69
Para você prosperar, crescer financeiramente

Elementos
- *sete favas de anis-estrelado trituradas*
- *uma colher, de sopa, de cravo-da-índia em pó*
- *folhas de erva-tostão, secas*
- *folhas de dinheiro-em-penca, secas*

Como fazer
Prepare um braseiro, misture todos os ingredientes e vá colocando aos poucos por cima do braseiro. Quando começar a sair a fumaça, defume sua casa ou seu comércio desde a porta de entrada, todos os cômodos e participantes e termine nos fundos, sempre fazendo seus pedidos, com pensamento positivo e fé. Deixe num canto e, quando se apagar, leve as sobras para um local de movimento, como uma praça, a porta de um banco ou de um supermercado.

DEFUMADOR 70
Para trazer plenitude, imponência, fortalecimento

Elementos
- *folhas e entrecasca de jatobá, cortadas em pedaços*
- *uma colher, de sopa, de farinha de mandioca*
- *uma colher, de sopa, de incenso*

Como fazer
Junte os ingredientes e vá acrescentando em cima de um braseiro bem forte. Quando a fumaça começar a surgir, defume você primeiramente e depois os demais presentes. Comece a defumar da porta da casa até os fundos, passando por todos os cômodos, sempre com o pensamento positivo e muita fé, sempre pensando em vencer todas as dificuldades e os empecilhos dos seus caminhos. Deixe num canto até se apagar completamente e, a seguir, coloque as sobras num espaço amplo, como uma praça, uma rua movimentada. Faça duas vezes por mês, para manter sua casa bem fortalecida e protegida. Sorte!

DEFUMADOR 71
Para movimentar seu comércio, principalmente aquele direcionado aos divertimentos noturnos

Elementos
- *oito favas de anis-estrelado trituradas*
- *uma colher, de sopa, de açúcar mascavo*
- *uma colher, de sobremesa, de noz-moscada, ralada*
- *pétalas de três rosas-vermelhas (para trazer agitação)*
- *um pedaço de canela em pau, picado*
- *uma colher, de sopa, de salsa (pode ser desidratada, se você não consegui-la verde)*

Como fazer
Faça um braseiro forte. Misture os ingredientes e vá despejando devagar por cima do braseiro. Quando começar a enfumaçar, defume seu estabelecimento desde a porta, passando por todos os cômodos, e termine nos fundos, sempre fazendo seus pedidos, chamando por clientes, prosperidade, dinheiro, saúde, paz, que afaste as presenças perigosas etc. Deixe queimando até se apagar e depois coloque numa praça movimentada ou embaixo de uma árvore de uma rua de grande movimento. Sempre que precisar, pode repeti-lo. Muito sucesso!

DEFUMADOR 72
Para trazer equilíbrio e harmonia para um estabelecimento comercial

Elementos
- *oito favas de anis-estrelado, trituradas*
- *uma colher, de sopa, de açúcar mascavo*
- *uma colher, de sopa, de benjoim*
- *um pouco de casca de maçã, seca*
- *pétalas de três rosas-brancas*

Como fazer

Prepare um bom braseiro. Junte todos os ingredientes e despeje aos poucos sobre o braseiro. Ao sair a fumaça, defume, começando pela porta de entrada, o estabelecimento todo, fazendo sua mentalização e pedindo somente coisas boas e positivas para a sua vida comercial e pessoal. Leve até os fundos. Coloque num canto e deixe até se apagar, depois leve e coloque embaixo de uma árvore, num local calmo. Repita duas vezes por mês.

DEFUMADOR 73
Para trazer claridade para sua vida, sua casa

Elementos
- *folhas de abre-caminho, picadas*
- *uma colher, de sopa, de benjoim*
- *uma colher, de sopa, de incenso*
- *uma colher, de sopa, de açúcar*
- *uma colher, de sopa, de mate*

Como fazer
Coloque o carvão num recipiente, acenda e espere até tornar-se brasa. Misture os elementos e vá colocando aos poucos, para defumar o ambiente, começando na porta da entrada e terminando nos fundos da residência ou do comércio, pedindo prosperidade, claridade, progresso etc.

DEFUMADOR 74
Para abrir seus caminhos para conseguir emprego, prosperidade

Elementos
- *uma colher, de sopa, de pó de café*
- *uma colher, de sopa, de açúcar*
- *uma colher, de sopa, de farinha de mandioca*
- *uma colher, de sopa, de noz-moscada, ralada*
- *uma colher, de sopa, de canela em pó*

Como fazer

Misture os ingredientes e coloque, aos poucos, em cima de um braseiro, e vá defumando sua casa ou seu comércio, a partir da porta de entrada, pedindo somente coisas boas e positivas: abertura de caminhos, prosperidade, saúde, alegrias etc. Ao chegar aos fundos do ambiente, deixe o recipiente até as brasas se apagarem.

DEFUMADOR 75
Para atrair positividade e alegrias

Elementos
- *uma colher, de sopa, de pó de café*
- *duas colheres, de sopa, de flor de camomila*
- *duas colheres, de sopa, de alecrim seco*
- *uma colher, de sopa, de açúcar mascavo*

Como fazer
Prepare um braseiro. Junte os ingredientes e vá colocando aos poucos por cima do braseiro. Quando a fumaça surgir, vá defumando desde a porta de entrada até os fundos da sua residência ou do seu comércio, fazendo seus pedidos com positividade e muita fé.

DEFUMADOR 76
Para coisas boas e poderosas na sua vida, no seu trabalho

Elementos
- *uma colher, de sopa, de farinha de mandioca*
- *uma colher, de sopa, de pó de sândalo*
- *uma colher, de sopa, de açúcar mascavo*
- *uma colher, de sopa, de incenso*
- *uma colher, de sopa, de mirra*

Como fazer
Junte todos os ingredientes. Faça um braseiro e ponha aos poucos os elementos, até fazer uma fumaça. A partir daí comece defumando o

ambiente, a partir da porta de entrada e terminando nos fundos da sua residência ou do seu comércio. Defume fazendo seus pedidos. Somente coisas boas e positivas! Deixe queimando até as brasas se apagarem.

DEFUMADOR 77
Para atrair a sorte, descarregar os ambientes e afastar influências desfavoráveis

Elementos
- *uma colher, de sopa, de chifre de boi (ou de búfalo)*
- *duas colheres, de sopa, de açúcar*

Como fazer
Misture os ingredientes e vá colocando aos poucos em cima de um braseiro. A seguir, defume a residência ou o comércio, desde os fundos até a porta de entrada. Deixe queimar até as brasas se apagarem. Leve as sobras do defumador e jogue num rio ou em um matinho.

DEFUMADOR 78
Para acalmar os ambientes residenciais e comerciais, trazer equilíbrio, paz e harmonia

Elementos
- *pétalas de três rosas-brancas, secas*
- *uma colher, de sopa, de camomila*
- *uma noz-moscada, ralada*
- *casca de maçã, seca*
- *uma colher, de sopa, de incenso*
- *uma colher, de sopa, de açúcar*

Como fazer
Misture os ingredientes, coloque em cima do braseiro e defume o local desde a porta de entrada até os fundos, pedindo pela paz, pela união etc.

DEFUMADOR 79
Para purificar ambientes desarmonizados, constantemente em briga e com desentendimentos

Elementos
- *flores de laranjeira*
- *pétalas de duas rosas-brancas, secas*
- *uma colher, de sopa, de benjoim*
- *uma colher, de sopa, de camomila*

Como fazer
Prepare o braseiro, junte completamente todos os elementos e vá colocando aos poucos em cima das brasas, defumando da porta da frente até os fundos da residência ou do seu comércio, pedindo pela harmonia, pelo entendimento e pela paz entre os moradores e frequentadores daquele ambiente. Deixe num local até a fumaça se espalhar e o braseiro se apagar. Faça duas ou três vezes por semana, até sentir que o ambiente melhorou, "clareou". Felicidade!

DEFUMADOR 80
Para clarear sua casa, trazer alegria e ajudar a afastar depressão, tristeza ou melancolia

Elementos
- *folhas de alecrim, secas*
- *uma colher, de sopa, de incenso*
- *folhas de mãe-boa, secas*
- *flores de laranjeira*
- *folhas de baunilha (ou sete gotas de essência)*
- *uma colher, de sopa, de açúcar*

Como fazer
Misture os ingredientes (se for usar a baunilha em gotas, coloque por último) e vá espalhando aos poucos sobre as brasas. Inicie a defumação na porta da frente e vá defumando os cômodos calmamente, e também as pessoas presentes, fazendo seus pedidos.

Termine nos fundos da sua residência ou do seu comércio e deixe lá o recipiente, até se apagar. Faça três vezes por semana, durante um mês. Depois, faça uma vez por semana.

DEFUMADOR 81
Para ajudar a levantar a autoestima da pessoa, fazê-la tornar-se mais positiva, mais alegre

Elementos
- *folhas de avenca, secas e picadas*
- *folhas de alecrim, secas e picadas*
- *folhas de manjericão, secas e picadas*
- *folhas de louro, picadas*
- *pétalas de duas rosas-vermelhas*

Como fazer
Faça um braseiro e vá colocando aos poucos os ingredientes, fazendo a defumação a partir da porta da frente e terminando nos fundos da residência, sempre pedindo coisas boas e positivas. Deixe o recipiente com o defumador num local até as brasas se apagarem. Repita por três dias seguidos.

DEFUMADOR 82
Para atrair prosperidade, ajudar a fluir positivamente o lado financeiro

Elementos
- *folhas de abre-caminho, secas*
- *flores de amor-perfeito*
- *pétalas de duas rosas-brancas*
- *pétalas de duas rosas-amarelas*
- *folhas de louro, picadas*
- *uma colher, de sopa, de benjoim*
- *folhas de dinheiro-em-penca, secas*

- *folhas de erva-tostão, secas*
- *uma noz-moscada, ralada*

Como fazer

Misture os elementos e vá colocando aos poucos em um braseiro e venha defumando sua residência ou seu comércio desde a porta da frente até os fundos, fazendo seus pedidos. Deixe o braseiro num local nos fundos até se apagar. Faça por sete dias seguidos durante um mês. Posteriormente, faça duas vezes por semana.

DEFUMADOR 83
Para atrair amizades, brilhar, ser bem-visto onde chegar

Elementos
- *folhas de mutamba, secas*
- *flores de amor-perfeito, secas*
- *folhas de alecrim, secas*
- *flores de sempre-viva rosa ou amarela, secas*
- *uma colher, de sopa, de gergelim*
- *uma colher, de sopa, de incenso*
- *uma colher, de sopa, de mate*
- *uma colher, de sopa, de canela em pó*

Como fazer

Junte todos os elementos. Faça um braseiro e coloque aos poucos o defumador e vá incensando o ambiente, da porta da entrada até os fundos, com calma e com fé, pedindo para trazer brilho e claridade na vida e na residência da pessoa. Deixe o defumador queimar até as brasas se apagarem. Faça três vezes por semana, durante um mês. Depois, faça um dia por semana ou quando sentir necessidade de ser mais notada(o).

DEFUMADOR 84
Para trazer sucesso, movimento e dinheiro para o seu comércio; para atrair clientes, aumentar as vendas

Elementos
- *uma colher, de sopa, de cravo-da-índia*
- *três pedaços de canela em pau*
- *uma colher, de sopa, de incenso*
- *flores de amor-do-campo, secas*
- *uma noz-moscada, ralada*

Como fazer
Misture tudo e coloque aos poucos em cima de um braseiro e vá defumando sua loja, seu comércio, sua residência, com calma, vagarosamente, desde a porta de entrada, fazendo seus pedidos e terminando nos fundos, no último cômodo ou quintal. Se puder, deixe o recipiente no local até as brasas se apagarem. Faça durante sete dias seguidos e, depois, faça duas vezes por semana.

DEFUMADOR 85
Para atrair movimento para seu comércio, para sua loja

Elementos
- *folhas de canela, secas e picadas*
- *folhas de abre-caminho, secas*
- *folhas de salsa, desidratadas*
- *uma colher, de sopa, de cominho*
- *folhas de desata-nó, secas*
- *uma colher, de sopa, de incenso*

Como fazer
Faça um braseiro. Misture os ingredientes acima e vá colocando, aos pouquinhos, por cima do braseiro. Vá defumando o ambiente desde a porta de entrada até os fundos. Deixe num local até as brasas

apagarem. Faça três vezes por semana, durante um mês. Depois, faça um defumador por semana.

DEFUMADOR 86
Para trazer claridade e brilho, para ajudar a obter sucesso na vida profissional e particular

Elementos
- *uma colher, de sopa, de sementes de girassol*
- *um chumaço de cabelo de milho*
- *folhas de louro, picadas*
- *uma colher, de sopa, de cravo-da-índia*
- *pétalas de três rosas-amarelas, secas*
- *21 gotas de essência de jasmim*

Como fazer
Misture os ingredientes e acrescente por último a essência. Faça um braseiro e coloque aos poucos este defumador e vá incensando calmamente o ambiente, desde a porta da entrada até o último cômodo. Se puder, deixe o recipiente com as brasas até se apagarem. Faça três vezes por semana.

DEFUMADOR 87
Para trazer influência positiva, para ajudar no autocontrole das pessoas compulsivas financeiramente

Elementos
- *folhas de dinheiro-em-penca, secas*
- *folhas de bem-com-deus, secas*
- *folhas de abre-caminho, secas*
- *uma colher, de sopa, de benjoim*
- *uma colher, de sopa, de mirra*
- *uma noz-moscada, ralada*
- *pétalas de três rosas-vermelhas, secas*
- *21 gotas de essência de baunilha*

Como fazer

Misture os ingredientes e acrescente a baunilha por último, no momento da defumação. Faça um braseiro e coloque os elementos aos poucos, até fazer fumaça. Defume desde a porta de entrada até os fundos da residência, fazendo seus pedidos, pedindo ajuda para fulano (falar o nome da pessoa) conseguir controlar seu dinheiro, suas economias, esquecer que o dinheiro não é primordial na vida etc. Defume também a pessoa que precisa dessa ajuda e deixe o braseiro queimando até as brasas se apagarem, na parte traseira da casa. Faça este defumador duas vezes por semana durante um mês. Depois, faça uma vez por semana.

DEFUMADOR 88
Para atrair clientes, positividade para o seu comércio ou para a sua casa

Elementos
- *um pedaço de fumo de rolo, desfiado*
- *uma colher, de sopa, de açúcar*
- *uma noz-moscada, ralada*
- *folhas de abre-caminho, secas*

Como fazer

Junte os elementos. Prepare um braseiro e vá colocando os ingredientes aos poucos, até soltar fumaça. Defume a residência ou o comércio desde a porta de entrada até os fundos. Deixe o braseiro neste local até as brasas se apagarem. Faça durante sete dias seguidos, depois faça duas vezes por semana ou quando sentir que poucos clientes estão aparecendo.

DEFUMADOR 89
Para trazer paz e harmonia para o ambiente familiar

Elementos
- flor e folhas de lírio-branco ou lírio-do-brejo, secas e picadas
- uma colher, de sopa, de açúcar
- uma colher, de sopa, de erva-doce

Como fazer
Misture os ingredientes e coloque aos poucos em cima de um braseiro bem forte. Comece a defumar a partir da porta da entrada, defume as pessoas da casa e prossiga defumando cada cômodo e cada canto da casa, com calma, pensamento positivo e muita fé. Sem fé, não se consegue nada, acredite! Prossiga até os fundos da casa e deixe lá até se apagar. Posteriormente, leve as sobras e coloque numa praça ou deixe embaixo de uma árvore. Faça duas vezes por mês ou até sentir que o ambiente já se se harmonizou. Felicidade!

DEFUMADOR 90
Para trazer alegria, amor, equilíbrio, tranquilidade para seu lar

Elementos
- sete tipos de flores do campo, de variadas cores, secas e cortadas
- uma colher, de sopa, de cravo-da-índia
- uma colher, de sopa, de canela em pau
- uma colher, de sopa, de noz-moscada, ralada
- uma colher, de sopa, de açúcar cristal

Como fazer
Junte todos os elementos num recipiente. Faça um braseiro num incensório e coloque aos poucos os elementos, até levantar fumaça. Defume sua casa desde a porta de entrada, calmamente; defume também todas as pessoas da casa. Entre em cômodo por cômodo, fazendo seus pedidos, suas preces, mentalizando coisas boas, bonitas

e positivas. Use o seu alto-astral para levantar o astral da sua residência e dos moradores. Defume até os fundos e deixe num canto queimando até se apagar totalmente. Mais tarde, leve as sobras e coloque num jardim ou praça bem movimentada e espalhe pela grama ou pelas flores. Muitas alegrias!

DEFUMADOR 91
Para trazer bem-estar e prosperidade

Elementos
- *um pedaço de breu*
- *uma colher, de sobremesa, de benjoim*

Como fazer
O breu é uma resina retirada de uma árvore, por isso, use em pouca quantidade, até acostumar-se, pois ele tem um leve perfume de pinho, que ajuda a proporcionar um bem-estar geral e produz uma leveza no ambiente.

Corte o breu em pedacinhos e misture com o benjoim. Vá colocando aos poucos sobre o braseiro e defume desde a porta da entrada da sua casa. Defume todos os cômodos com calma, perfumando e também limpando assim a sua residência. Deixe nos fundos da casa, num canto, até se apagar totalmente. Depois, leve as sobras e coloque num campo ou gramado. Faça duas vezes por mês e irá sentir um doce bem-estar!

DEFUMADOR 92
Para trazer defesa, bons presságios e prosperidade

Elementos
- *uma colher, de sopa, de açafrão*
- *uma colher, de sopa, de açúcar mascavo*
- *flores de pêssego (desidratadas) ou cascas de pêssego (podem ser também desidratadas)*

Como fazer

Prepare o braseiro, misture os elementos e vá colocando aos pouquinhos sobre o braseiro. Quando começar a levantar fumaça, defume a casa a partir da porta da entrada. Defume as pessoas, fazendo seus pedidos ou suas orações, com firmeza, constância, usando sua positividade e sua fé. Percorra todos os cômodos calmamente, até os fundos da residência. Deixe em um canto até se apagar totalmente. Posteriormente, leve somente as sobras e coloque num local limpo – um gramado, praça ou embaixo de uma árvore. Repita duas vezes por mês.

DEFUMADOR 93
Para trazer ajuda, conseguir uma melhora financeira

Elementos
- *uma colher, de sopa, de açúcar*
- *uma colher, de sopa, de incenso*
- *uma colher, de sopa, de benjoim*
- *folhas de abre-caminho*
- *essência de patchuli*

Como fazer
Junte os elementos. Prepare um braseiro, coloque aos poucos os ingredientes. Deixe a fumaça fluir e vá defumando desde a porta da frente até os fundos da residência ou da loja, pedindo que seus problemas financeiros tenham solução, que surja alguma ajuda etc. Deixe queimando, a fumaça se espalhando, até as brasas se apagarem. Faça por sete dias, na primeira semana; na segunda semana faça por três dias e depois faça uma vez por semana. Com certeza as coisas vão clarear, tenha fé!

DEFUMADOR 94
Para ajudar a trazer felicidade, sorte, estabilidade financeira

Elementos
- *uma colher, de sopa, de orégano*
- *uma colher, de sopa, de açúcar cristal*

Como fazer
Misture os dois ingredientes e ponha em cima de um braseiro forte, e comece a defumar as pessoas presentes e depois toda a residência, desde a porta de entrada. Faça seus pedidos mentalizando somente coisas poderosas, usando seu poder positivo e sua fé. Deixe queimando nos fundos da sua casa e, após se apagar, leve as sobras para uma praça bem movimentada e coloque num jardim, num gramado ou embaixo de uma árvore. Faça duas vezes por mês, sempre usando seu alto-astral, sua positividade. Sorte!

DEFUMADOR 95
Para trazer segurança e estabilidade financeira

Elementos
- *flores de manacá-do-mato ou manacá-da-serra, secas*
- *uma colher, de sobremesa, de orégano*
- *um punhado de alecrim*
- *uma colher, de sopa, de açúcar refinado*

Como fazer
Junte todos os ingredientes e coloque por cima de um braseiro. Deixe a fumaça surgir e comece a defumar a partir da entrada da residência. Defume com calma todos os presentes, a casa toda, pedindo e mentalizando positividade, com fé e firmeza. Deixe num cantinho queimando até se apagar e leve as sobras para um local limpo, deixando embaixo de uma árvore sem espinhos. Repita sempre que sentir situações meio atrapalhadas ou quando seu coração desejar. Muita sorte!

DEFUMADOR 96
Para prosperidade, sucesso e defesa

Elementos
- *um pouco de estrume de boi, seco*
- *uma colher, de sopa, de canela em pó, ou um pedaço de canela em pau*
- *uma colher, de sopa, de erva-doce*
- *uma colher, de sopa, de açúcar*

Como fazer
Faça um braseiro bem forte. Misture os elementos e ponha aos poucos sobre o braseiro. Assim que levantar fumaça comece a defumar, desde a porta de entrada, todos os compartimentos da casa ou do comércio, pedindo pela sua prosperidade, fartura, alimento etc. Quando chegar aos fundos da residência, deixe queimar até se apagar. As sobras, coloque numa praça, em local bem limpo. Faça duas vezes por mês, pois este defumador é muito poderoso para trazer prosperidade. Sorte!

DEFUMADOR 97
Para fartura, dinheiro, atrair cliente e bons amigos

Elementos
- *um pouco de estrume de elefante, seco*
- *uma colher, de sopa, de açúcar cristal*
- *uma colher, de sobremesa, de noz-moscada, ralada*
- *folhas de dinheiro-em-penca, secas*
- *folhas de erva-tostão, secas*
- *folhas de amor-do-campo, secas*

Como fazer
Junte os ingredientes. Prepare um bom braseiro e vá colocando vagarosamente porções do defumador. Defume todos os presentes e comece a defumar a casa desde a porta de entrada, usando a força positiva de sua mente e pedindo ajuda das forças da Natureza e do

Astral. A seguir, defume todos os cômodos e leve até os fundos da residência ou do comércio, deixando lá até se apagar. As sobras, se puder, à noite, deixe num cantinho da porta de um banco ou de um supermercado bem movimentado. Se quiser, faça uma vez por mês, ou quando sentir necessidade.

DEFUMADOR 98
Para trazer prosperidade

Este defumador sempre foi muito usado pelos nossos antigos ancestrais para atrair prosperidade, alimentação, arranjar emprego, coisas positivas.

Elementos
- *uma colher, de sopa, de farinha de mandioca*
- *uma colher, de sopa, de pó de café*
- *uma colher, de sopa, de açúcar*
- *uma colher, de sopa, de mate*
- *sete folhas de louro, verdes e picadas*

Como fazer

Misture todos os ingredientes. Faça um braseiro com brasas bem fortes e vá colocando aos poucos os elementos. Venha defumando sua casa, ou seu comércio, desde a porta da rua até o final da casa, passando por todos os compartimentos e defumando também as pessoas presentes. Vá fazendo seus pedidos, com fé, amor e firmeza. Só assim conseguimos nossos intentos, conseguimos o que desejamos. Deixe queimando nos fundos da casa e depois coloque embaixo de uma árvore as sobras do defumador. Faça duas vezes por semana e verá o resultado! Sorte e alegrias!

DEFUMADOR 99
Para atrair sorte, sabedoria e amizade

Elementos
- *folhas de trevo de quatro folhas*
- *uma noz-moscada, ralada*
- *um obi (noz-de-cola), seco e ralado*

Como fazer
Junte os elementos e coloque delicadamente sobre o braseiro. Ao levantar a fumaça comece a defumar a partir da porta de entrada. Defume-se e defume todos os cômodos, sempre rogando ajuda às forças positivas do Astral. Ao chegar aos fundos da casa ou do seu comércio, deixe num canto até se apagar. Leve as sobras e coloque numa praça movimentada, em local limpo. Se quiser, faça duas vezes por mês, pois sorte, sabedoria e amizade são elementos importantes na nossa vida.

DEFUMADOR 100
Para ajudar no crescimento financeiro

Elementos
- *folhas de nogueira, secas e cortadas*
- *uma noz-moscada, ralada*
- *uma colher, de sopa, de açúcar mascavo*

Como fazer
Após fazer um bom braseiro, misture os elementos e vá colocando aos poucos sobre as brasas. Ao levantar a fumaça, comece a defumar por você, depois defume desde a porta de entrada, passando por todos os cômodos e finalizando na parte dos fundos. Deixe queimando até se apagar e coloque as sobras na porta de um banco ou de um supermercado, à noite, após o fechamento deles. Sucesso!

DEFUMADOR 101
Para atrair bons fluidos e coisas positivas para sua moradia ou seu comércio

Elementos
- *um pedaço de fumo de rolo, picado*
- *uma colher, de sopa, de farinha de mandioca*
- *uma colher, de chá, de noz-moscada, ralada*
- *uma colher, de sopa, de gergelim*

Como fazer
Coloque, aos poucos, num braseiro, todos os ingredientes acima, bem misturados, e vá defumando sua casa ou seu comércio de fora para dentro. Defume todos os cômodos e também as pessoas que lá estiverem, sempre fazendo seus pedidos, com pensamentos positivos, amor e fé. Deixe nos fundos queimando até se apagar e a seguir jogue embaixo de uma árvore os restos do defumador. Se quiser, pode fazer duas ou três vezes por semana.

DEFUMADOR 102
Para trazer alegria para o ambiente familiar ou de trabalho

Elementos
- *folhas e flores de angélica-do-sertão, secas*
- *uma colher, de chá, de sândalo em pó*
- *uma colher, de sopa, de açúcar mascavo*

Como fazer
Misture tudo e coloque aos poucos em cima de um braseiro bem forte. Defume vagarosamente, desde a porta de entrada, passando por todos os cômodos, pelos moradores, sempre mentalizando coisas alegres, positividade, harmonia, e termine nos fundos. Deixe lá queimando até se apagar. O resto do defumador, coloque embaixo de uma árvore ou em um gramado. Faça sempre que sentir que alguma coisa está lhe incomodando, tirando a alegria e o contentamento de seu lar. Sorte!

DEFUMADOR 103
Para tornar uma casa mais feliz, mais alegre, com mais contentamento, entendimento

Elementos
- *algumas flores de angélica-do-sertão*
- *pétalas de cinco rosas-brancas*
- *uma colher, de sopa, de erva-doce*
- *uma colher, de sopa, de açúcar cristal*

Como fazer
Faça um braseiro bem forte. Misture os ingredientes e vá colocando devagar e incensando sua casa, desde a porta de entrada, passando pelos cômodos, pelas pessoas. Vá pedindo com fé e firmeza muita alegria, felicidade, harmonia, entendimento entre todos que frequentam ou moram naquele local. Termine nos fundos. Deixe lá até se apagar e, após, jogue as sobras numa graminha ou embaixo de uma árvore.

DEFUMADOR 104
Para atrair felicidades, alegria e união

Elementos
- *flor e folhas de laranjeira*
- *folhas de espinheira-santa*
- *folhas e flores de manacá*
- *uma noz-moscada, ralada*
- *uma colher, de sopa, de açúcar cristal ou comum*

Como fazer
Faça com pedaços de carvão um bom braseiro. Corte em pedacinhos as folhas e as flores e misture com os demais ingredientes. Abra as janelas. Coloque os elementos aos poucos, vagarosamente, por cima do braseiro, e defume a partir da porta de entrada. Passe por todos os cômodos, passe nas pessoas, sempre com pensamentos bons e pedindo somente coisas positivas, atraindo assim a felicidade, a paz, a união para o seu lar ou para o seu comércio. Quando chegar

aos fundos, deixe o defumador queimar até o final. As sobras, jogue embaixo de uma árvore ou leve para uma pracinha e ponha num gramado. Repita quantas vezes desejar, pois este defumador só atrai positividade. Muitas alegrias!

DEFUMADOR 105
Para as pessoas ficarem mais dóceis, centradas, e terem melhor entendimento entre si

Elementos
- *flores e folhas de angélica-do-sertão*
- *uma colher, de sopa, de noz-moscada, ralada*
- *uma colher, de sopa, de mel de abelha, de boa qualidade*

Como fazer
Após fazer o braseiro, misture as folhas, as flores e a noz-moscada. Coloque aos poucos em cima do braseiro e jogue um pouquinho de cada vez o mel (muito cuidado com a borra que o mel forma quando em contato com a brasa do carvão. Não passe perto das pessoas nem perto de móveis). Comece este defumador na porta de entrada e faça-o vagarosamente, com o pensamento voltado para a calmaria que deseja, para a harmonia, chamando a felicidade e o entendimento para dentro de sua casa ou de seu comércio. Termine nos fundos da residência ou do comércio e deixe até se apagar. Os resíduos, coloque embaixo de uma árvore ou em um jardim. Toda vez que sentir desentendimento entre os membros da casa, pode fazê-lo, que tudo irá clarear. Felicidades!

DEFUMADOR 106
Para trazer paz e segurança para sua casa

Elementos
- *folhas e flor de angélica*
- *uma colher, de chá, de canela em pó*
- *uma colher, de sopa, de camomila*
- *uma colher, de sopa, de erva-doce*

Como fazer
Misture todos os ingredientes e coloque aos poucos em cima de um braseiro bem forte. Defume vagarosamente, fazendo seus pedidos, desde a porta de entrada até os fundos da residência ou do comércio. Deixe queimar completamente e depois jogue os restos embaixo de uma árvore ou numa mata, ou graminha. Pode repetir toda vez que sentir insegurança em sua residência e/ou no seu comércios, com brigas, com desentendimentos.

DEFUMADOR 107
Para atrair dinheiro para a sua casa ou melhorar o seu comércio

Elementos
- *cascas secas e caroços de jaboticaba*
- *uma colher, de sopa, de açúcar cristal ou mascavo*

Como fazer
Prepare um braseiro e vá colocando, vagarosamente, por cima os ingredientes misturados. Quando a fumaça começar a exalar, defume desde a porta de entrada até os fundos da residência ou do comércio, passando por todos os cômodos e defumando também as pessoas. Não se esqueça de usar a força do seu pensamento positivo, fazendo seus pedidos com fé e persistência. Deixe num canto até esfriar e depois despache num gramado ou embaixo de uma árvore. Repita uma vez por semana.

DEFUMADOR 108
Para atrair dinheiro e prosperidade

Elementos
- *cascas de jaboticaba, secas*
- *uma colher, de sopa, de louro em pó*
- *uma colher, de sopa, de açúcar*

Como fazer

Misture os elementos e coloque aos poucos por cima de um braseiro bem forte. Vá defumando, a partir da porta da frente, os cômodos, e termine nos fundos da casa ou do comércio, sempre usando seu pensamento positivo e fazendo seus pedidos. Deixe num canto até se apagar e despache as sobras numa praça ou embaixo de uma árvore. Pode fazer uma vez por semana.

DEFUMADOR 109
Para trazer crescimento monetário e cortar o olho-grande

Elementos
- *folhas de jaboticaba, secas (ou desidratadas)*
- *uma colher, de sopa, de açúcar*
- *uma colher, de chá, de noz-moscada, ralada*
- *folhas de abre-caminho, secas e picadas*

Como fazer

Faça um braseiro bem forte. Misture os ingredientes e coloque aos poucos por cima do braseiro. Quando a fumaça começar a exalar, defume, sempre fazendo seus pedidos, com pensamento positivo e muita fé, começando pela porta de entrada, pelos cômodos, pelas pessoas, e termine nos fundos da residência. Deixe lá até esfriar e depois despache numa praça ou num gramado. Faça uma vez por semana.

DEFUMADOR 110
Para ajudar a trazer sorte, caminhos abertos e prosperidade

Elementos
- *uma romã com sementes, seca e triturada*
- *pétalas de duas rosas-amarelas*
- *uma colher, de sobremesa, de benjoim*
- *um copo de flores de sempre-viva amarela*

Como fazer

Misture os ingredientes. Prepare um braseiro bem forte e vá colocando aos poucos os elementos por cima, até a fumaça surgir. Comece a defumar, sempre com pensamento positivo e fazendo seus pedidos, pela porta de entrada, pelos cômodos, defume os moradores e termine nos fundos. Deixe num canto até terminar e depois leve o que restou e coloque numa grama, numa praça ou embaixo de uma árvore. Procure fazer este defumador uma vez por semana, para abrir seus caminhos.

DEFUMADOR 111
Para fazer no dia 1º de janeiro ou no dia 6 de janeiro, Dia de Reis, para obter sucesso no ano inteiro

Elementos
- *uma romã com sementes, seca e triturada*
- *uma colher, de sobremesa, de mirra*
- *uma colher, de sobremesa, de incenso*
- *uma colher, de sobremesa, de benjoim*
- *uma colher, de sobremesa, de alecrim*

Como fazer

Prepare um braseiro bem forte. Misture os ingredientes e coloque aos poucos por cima, até surgir a fumaça. Defume. E vá fazendo seus pedidos, desde a porta da entrada, nos quatro cantos de cada cômodo; defume as pessoas e deixe queimando num cantinho dos fundos da residência ou do comércio. Após esfriar, despache numa praça bem movimentada, embaixo de uma árvore sem espinhos.

DEFUMADOR 112
*Para neutralizar as partes negativas
e atrair coisas boas, felicidade*

Elementos
- *meio copo de arroz com casca*
- *um pedaço pequeno de breu*
- *uma colher, de sobremesa, de noz-moscada, ralada*

Como fazer
Prepare um braseiro e coloque aos poucos os elementos acima, já misturados. Deixe a fumaça subir e defume dos fundos da sua casa ou do seu comércio até chegar à porta de entrada, sempre fazendo seus pedidos, usando sua fé e sua força mental. Deixe num canto até se apagar e despeje o resto do defumador embaixo de uma árvore ou em uma grama. Faça quando achar que há necessidade de limpar o ambiente.

DEFUMADOR 113
*Para atrair sorte e trazer movimento
para o seu comércio*

Elementos
- *duas colheres, de sopa, de anis-estrelado triturado*
- *duas colheres, de sopa, de sementes de girassol*
- *duas colheres, de sopa, de açúcar refinado*

Como fazer
Quando você sentir que o seu comércio está sem movimento, sem visualização, faça este defumador. Ele vai ajudá-lo muito. Procure fazê-lo bem cedo, ao nascer do dia, pedindo que a claridade entre e traga sorte, energia, movimento etc. Use sempre seu pensamento positivo, sua força mental e sua fé.

DEFUMADOR 114
Para trazer felicidade, equilíbrio, tranquilidade e sorte

Elementos
- flores e folhas de manacá, secas
- flores de amor-do-campo, secas
- flores de amor-perfeito, secas
- pétalas de três rosas-amarelas, secas
- uma colher, de sopa, de açúcar cristal

Como fazer
Corte as folhas e as flores e misture com os demais ingredientes. Jogue vagarosamente por cima das brasas do carvão e vá defumando sua casa ou seu comércio, começando da porta da frente até os fundos e defumando também as pessoas que lá estiverem, sempre fazendo seus pedidos. Deixe num canto e, após esfriar, despache numa praça ou embaixo de uma árvore frondosa. Pode fazer uma vez por semana.

DEFUMADOR 115
Para atrair coisas favoráveis e positividade para dentro de sua casa

Elementos
- folhas e flor de manacá, secas
- pétalas de rosas-brancas, secas
- cascas de maçã, secas
- uma colher, de sopa, de gergelim
- uma folha de colônia, seca
- uma colher, de sopa, de incenso

Como fazer
Corte as folhas, flores e cascas e junte todos os elementos. Faça um braseiro bem forte e vá colocando aos poucos, deixando a fumaça se espalhar pela casa toda, desde a porta de entrada até os fundos da

casa ou do seu comércio, fazendo seus pedidos, usando seu pensamento positivo e sua fé. Defume todas as pessoas presente também. Deixe queimar até o fim e depois despache num gramado, embaixo de uma árvore ou numa praça. Faça uma vez por semana, que você só atrairá coisas boas e positivas para sua vida.

DEFUMADOR 116
Para trazer alegria para os lares

Elementos
- *uma colher, de sopa, de açúcar*
- *uma colher, de sopa, de camomila*
- *uma colher, de sopa, de benjoim*
- *pétalas de cinco rosas-brancas*
- *15 gotas de essência de alecrim*

Como fazer
Misture todos os elementos e vá colocando aos poucos em cima de um braseiro. Aguarde a fumaça e vá defumando calmamente cada ambiente, da porta da frente até os fundos, sempre com pensamento e com pedidos positivos, para fazer do seu lar um local aprazível e feliz. Deixe o braseiro queimar, até as brasas se apagarem. Faça uma vez por semana, ou, se achar necessário, faça durante três dias seguidos a cada semana, durante um mês. Muitas alegrias para sua família!

DEFUMADOR 117
Para a pessoa ter uma boa sintonia
com o meio em que vive

Elementos
- *uma colher, de sopa, de açúcar*
- *flores de amor-perfeito, secas*
- *pétalas de cinco rosas-amarelas, secas*
- *duas colheres, de sopa, de calda de pêssego*
- *21 gotas de essência de baunilha*

Como fazer

Junte os ingredientes e vá colocando-os aos poucos em cima de um braseiro. Defume com calma primeiramente a pessoa, a seguir a residência, ou o comércio, onde está ocorrendo a falta de sintonia, desde a porta de entrada, fazendo seus pedidos, até os fundos. Deixe lá o braseiro com a fumaça limpando o ambiente, e só retire após as brasas se apagarem. Faça três vezes por semana, durante um mês, e após faça uma vez por semana.

DEFUMADOR 118
Para trazer tranquilidade, equilíbrio, harmonia

Elementos
- *um punhado de erva-pombinha, seca e picotada*
- *uma colher, de sobremesa, de camomila*
- *uma colher, de sopa, de açúcar cristal*

Como fazer

Junte os ingredientes e acrescente, aos poucos, por cima do braseiro. Comece a defumar na porta da entrada, defume as pessoas, fazendo seus pedidos com fé e pensamento positivo. Passe por todos os cômodos e, quando chegar aos fundos da residência ou do comércio, deixe num canto até se apagar. As sobras, coloque numa praça e num local limpinho, embaixo de uma árvore ou no meio de plantas floridas. Faça duas ou três vezes por mês, até conseguir um equilíbrio ideal para todos viverem bem. Sorte!

DEFUMADOR 119
Para atrair a serenidade e a calma em sua mente e no seu ambiente

Elementos
- *sete folhas de cajueiro, secas*
- *uma colher, de sopa, de açúcar*
- *quatro gotas de essência de patchuli (de boa qualidade)*

Como fazer
Prepare o braseiro e coloque por cima os ingredientes já misturados e aguarde começar a fumaçar. Defume a porta de entrada e vá defumando as pessoas e todos os cômodos, até os fundos da residência ou do comércio. Procure usar seu pensamento sereno, pedindo calma, entendimento, harmonia etc. No princípio, faça uma vez por semana e, quando alcançar seu intento, faça duas vezes por mês. Com certeza vai dar certo!

DEFUMADOR 120
Para trazer alegria, amizade, união na família

Elementos
- *folhas de mutamba, secas e cortadas*
- *folhas de alecrim-do-campo, secas e cortadas*
- *uma colher, de sopa, de açúcar*

Como fazer
Junte os ingredientes e coloque aos poucos por cima do braseiro. Comece a defumar na porta da entrada, defume as pessoas presentes, todos os cômodos, sempre mentalizando coisas positivas, alegria, união etc., e deixe queimar nos fundos da casa ou do comércio. As sobras, leve para colocar numa praça bem movimentada, num matinho limpo ou embaixo de uma árvore. Faça uma vez por semana. Felicidades!

DEFUMADOR 121
Para trazer prosperidade e claridade, para a pessoa brilhar e ser notada onde chegar

Elementos
- *sete flores de girassol (colocar em um vaso em sua casa e deixar murchar e secar)*
- *uma colher, de sopa, de açúcar*
- *uma colher, de sopa, de incenso*

- *uma colher, de sopa, de canela em pó (ou um pedaço de canela em pau)*
- *uma colher, de sopa, de erva-doce*
- *meia colher, de sopa, de cravo-da-índia*

Como fazer

Desmanche somente as flores e junte aos demais ingredientes. Faça um braseiro e coloque aos poucos, até começar a levantar fumaça. A seguir, defume bem a sua casa e as pessoas, fazendo seus pedidos. Comece pela porta de entrada e continue até os fundos da residência ou do comércio. Deixe o defumador no local até as brasas se apagarem. Faça três vezes por semana durante um mês e, a seguir, uma vez por semana, ou quando achar necessidade. Boa sorte!

DEFUMADOR 122
Para trazer sucesso, prosperidade e saúde

Elementos

- *uma fava de chapéu-de-napoleão, triturada*
- *folhas de abre-caminho, secas e cortadas*
- *uma colher, de sobremesa, de noz-moscada, ralada*
- *uma colher, de sobremesa, de açúcar mascavo*

Como fazer

Prepare um braseiro. Junte todos os elementos e coloque, aos poucos, em cima do braseiro. Defume a partir da entrada da casa ou comércio, passe por todos os cômodos, também nas pessoas, e leve até os fundos, sempre pedindo, com firmeza e fé. Deixe queimando até se apagar e leve as sobras para colocar na porta de um comércio bem próspero. Faça duas vezes por mês.

DEFUMADOR 123
Para atrair influências positivas, proteção, defesa, paz

Elementos
- *sete pendões (espigas) de trigo, picados (sem o talo)*
- *duas colheres, de sopa, de arroz com casca*
- *dandá-da-costa ralado*
- *uma colher, de sopa, de açúcar cristal*

Como fazer
Junte todos os elementos e coloque devagar por cima de um braseiro forte. Ao começar a sair a fumaça, defume desde a porta da entrada, defume as pessoas presentes e percorra todos os ambientes. Vá fazendo seus pedidos, suas rezas, suas preces, chamando paz, proteção, alegria, defesa, tudo de bom e positivo para sua vida e para sua residência ou seu comércio. Por fim, deixe o incensório num canto nos fundos da casa até se apagar. Posteriormente, leve as sobras e coloque em uma praça ou embaixo de uma árvore sem espinhos. Você pode repetir este defumador durante o mês, quantas vezes quiser ou achar necessário.

DEFUMADOR 124
Para "chamar" dinheiro

Elementos
- *sete tentos-de-exu, socados*
- *uma colher, de sopa, de sementes de alfavaca, secas*
- *uma colher, de sobremesa, de açúcar*

Como fazer
Prepare um braseiro. Junte os elementos e coloque aos poucos no braseiro. Quando a fumaça começar a sair, defume calmamente desde a porta de entrada, fazendo seus pedidos, com pensamento positivo e fé. Defume a casa toda e também as pessoas. Deixe o braseiro queimando no fundo da casa ou do comércio. Quando esfriar,

leve num pedaço de papel e despache na porta de um comércio bem próspero. Faça uma vez por semana, durante um mês, e depois duas vezes a cada mês. Sorte!

DEFUMADOR 125
Para trazer energias positivas e sorte para sua casa

Elementos
- *duas colheres, de sopa, de arroz com casca*
- *uma colher, de sopa, de sementes de girassol*
- *uma colher, de sopa, de mate*
- *uma colher, de sopa, de incenso*
- *uma colher, de sopa, de benjoim*
- *uma colher, de sopa, de açúcar*
- *uma colher, de sopa, de camomila*

Como fazer
Misture bem todos os elementos. Faça com algumas pedras de carvão um braseiro e coloque, ao poucos, os ingredientes. Defume primeiro as pessoas e, a seguir, começando pela porta de entrada, vagarosamente e fazendo seus pedidos, a residência ou o comércio. Deixe a fumaça se espalhar e perfumar o ambiente. Termine na parte dos fundos do ambiente e deixe o incensório no local até que as brasas se apaguem. Faça duas vezes por semana, durante um mês, até sentir que as energias estão agindo positivamente na sua vida e na sua casa. Depois faça uma vez por semana. Sorte!

DEFUMADOR 126
Para trazer claridade, cortar as discórdias e neutralizar ambientes carregados

Elementos
- *duas colheres, de sopa, de arroz com casca*
- *uma colher, de sopa, de açúcar*

- *uma colher, de sopa, de trigo em grão*
- *cabelo de milho, seco*
- *folhas de erva-tostão, secas*
- *manjericão seco*
- *alecrim seco*

Como fazer
Faça um braseiro com algumas pedras de carvão. Junte todos os ingredientes e espalhe, aos poucos, por cima do braseiro, até soltar fumaça. Defume as pessoas e depois a residência ou o comércio, desde a porta de entrada até os fundos, fazendo seus pedidos. Deixe a fumaça agir e perfumar o ambiente. Deixe o incensório no local até as brasas se apagarem. Você pode fazer duas vezes por semana este defumador, durante um mês. Depois faça uma vez por semana. É muito eficaz e traz paz e harmonia. Sorte!

DEFUMADOR 127
Para refrescar e tranquilizar o ambiente familiar ou seu local de trabalho

Elementos
- *folhas de hortelã, secas*
- *folhas de brilhantina, secas*
- *folhas de avenca, secas*
- *cinco gotas de essência de baunilha, de boa qualidade*
- *uma colher, de sopa, de açúcar cristal*

Como fazer
Junte os ingredientes. Faça um braseiro e vá colocando aos poucos os elementos. Quando começar a subir a fumaça, defume desde a porta da entrada até os fundos da casa. Defume também as pessoas presentes. Vá fazendo seus pedidos, suas súplicas, com firmeza, com fé, com o pensamento positivo. Deixe queimando num canto e, quando se apagar, despache as sobras numa praça ou coloque embaixo de uma árvore sem espinhos.

DEFUMADOR 128
Para trazer equilíbrio, paz e harmonia ao seu empreendimento

Elementos
- *pétalas de rosa-branca, secas*
- *pétalas de rosa-vermelha, secas*
- *pétalas de rosa-amarela, secas*
- *uma colher, de sobremesa, de noz-moscada, ralada*
- *uma colher, de chá, de orégano*
- *cinco gotas de essência de patchuli*

Como fazer
Misture todos os elementos, deixando a essência para o final. Coloque os ingredientes aos poucos sobre o braseiro e deixe a fumaça aflorar. Ponha então a essência por cima e comece a defumar na porta da frente, defume você e todos os cômodos e termine nos fundos. Deixe ali até se apagar. Leve as sobras para a rua e coloque numa praça limpa, num cantinho sossegado e discreto. Pode fazer duas vezes por mês, que é muito bom para trazer equilíbrio e paz para as pessoas e para o ambiente.

DEFUMADOR 129
Para desbloquear os seus caminhos amorosos e financeiros

Elementos
- *folhas de arruda macho, secas*
- *folhas de arruda fêmea, secas*
- *folhas de abre-caminho, secas*
- *folhas de vence-tudo ou vence-demanda, secas*
- *uma colher, de sopa, de erva-doce*

Como fazer
Prepare um braseiro bem forte. Misture todos os elementos e coloque-os aos poucos sobre as brasas até levantar fumaça. Comece

defumando desde a parte dos fundos, defume você e os demais integrantes do local e continue em todos os cômodos, até deixar queimando na entrada da casa ou estabelecimento comercial. Sempre fazendo seus pedidos, com fé e usando pensamentos positivos. Após se apagar, despache as sobras em uma rua movimentada, de preferência em uma praça ou embaixo de uma árvore frondosa. Faça duas vezes por mês, na primeira vez, e depois uma vez por mês ou quando sentir o ambiente carregado. Boas novidades!

DEFUMADOR 130
Para ajudar na defesa e na purificação de sua casa ou de seu comércio

Elementos
- *folhas de nogueira, cortadas ou picadas*
- *folhas de capim-limão (ou capim-santo), picadas*
- *uma colher, de sopa, de açúcar refinado*

Como fazer
Misture os elementos muito bem e vá jogando aos poucos em cima de um braseiro, e comece a defumar da porta da rua para dentro de casa, ou do seu estabelecimento comercial, passando nas pessoas e em todos os cômodos. Vá fazendo seus pedidos às forças que protegem a sua casa, para ajudar a trazer defesa, proteção, união. Termine nos fundos e deixe queimando. Quando se apagar, leve os restos e coloque em local limpo, num campo ou numa praça. Procure fazer três vezes por semana, durante um mês, e depois, uma vez por semana.

Quatro defumadores especiais para afastar espíritos negativos (quiumbas), neutralizar influências negativas que causam perturbações e transtornos nos ambientes e nas pessoas

DEFUMADOR 131

Elementos
- *uma colher, de sopa, de assafete*
- *alguns pedaços de bagaço de cana, secos*
- *uma colher, de sopa, de azeite de dendê*

Como fazer

Prepare um braseiro. Misture bem os elementos e vá colocando aos poucos por cima do braseiro, até começar a sair a fumaça. Defume primeiramente as pessoas presentes e depois a sua residência ou o seu comércio, a partir dos fundos até a porta de entrada, abrindo as janelas, para que a fumaça leve as perturbações espirituais. Faça este defumador durante três dias seguidos. Na semana seguinte repita o mesmo procedimento. Depois faça uma vez por semana, até sentir que o ambiente está estabilizado e harmonizado.

DEFUMADOR 132

Elementos
- *um pouco de folhas de cana-de-açúcar, secas*
- *um pedaço de raiz de cana-de-açúcar, seca*
- *pó de sândalo*
- *um pouco de saco-saco*

Como fazer

Pique as folhas, a raiz e o saco-saco e misture todos os elementos, colocando-os em cima de um braseiro. Defume as pessoas e, a seguir, a sua residência, começando dos fundos até a porta de entrada. Abra as janelas para a fumaça sair, levando as negatividades. Deixe o defumador queimando na entrada até as brasas se apagarem. Faça por três dias seguidos e depois faça uma vez por semana.

DEFUMADOR 133

Elementos

- *uma colher, de sopa, de raiz de dandá-da-costa (ralada, em pedacinhos ou socada)*
- *uma colher, de sopa, de erva-doce*
- *uma colher, de sopa, de pó de sândalo*
- *uma colher, de sopa, de açúcar mascavo*

Como fazer

Junte todos os elementos e coloque, aos poucos, em um braseiro. A partir daí, defume as pessoas e o ambiente, começando nos fundos e terminando na parte da frente da residência ou do comércio. Deixe o defumador no local até as brasas se apagarem. Faça este defumador duas vezes por semana, durante um mês.

DEFUMADOR 134

Elementos
- *uma colher, de sopa, de assafete*
- *um pedaço de fava de lelecum, ralada*
- *um pedaço de raiz de dandá-da-costa*
- *duas favas de olho-de-boi (uma tipo macho e uma tipo fêmea), quebradas*

Como fazer
Misture tudo, coloque por cima do braseiro, aos poucos, e defume as pessoas e depois a sua residência ou o seu comércio, começando de dentro para fora. Deixe o incensório no local até o braseiro se apagar. Repita duas vezes por semana, durante um mês.

Outros defumadores especiais para neutralizar espíritos e influências negativas

DEFUMADOR 135
Para amenizar os ambientes, cortar a inveja, o olho-grande, neutralizando as influências de espíritos negativos

Elementos
- *um punhado de folhas e flores de murta, picadas*
- *folhas de bem-com-deus, picadas e secas (ou desidratadas)*
- *folhas de cana-do-brejo, picadas e secas (ou desidratadas)*
- *três gotas de essência de coco*

Como fazer
Prepare um braseiro. Misture bem os três primeiros ingredientes e coloque aos poucos sobre as brasas, até começar a esfumaçar. Coloque então as gotas da essência e defume a partir da porta da entrada. Defume as pessoas e toda a residência ou todo o comércio, deixando a fumaça percorrer todos os cômodos, fazendo assim uma boa limpeza astral. Faça suas preces, seus pedidos, calmamente, mentalizando coisas positivas. Continue defumando até o final da casa e deixe o incensório num canto até se apagar. Posteriormente, leve as sobras e coloque numa praça, num gramado bem longe de sua casa. Faça este defumador quantas vezes quiser, ou quando sentir o ambiente carregado de más influências ou desarmonioso. Paz!

DEFUMADOR 136
Para cortar a presença de quiumbas (espíritos sem luz, espíritos negativos) de sua casa

Elementos
- *folhas de mangueira-espada*
- *folhas de panaceia*
- *folhas de cinco-folhas*
- *folhas de guiné*
- *uma colher, de sopa, de noz-moscada, ralada*
- *uma colher, de chá, de canela em pó*

Como fazer
Misture todos os elementos e vá colocando aos poucos por cima de um braseiro. Espalhe a fumaça por todos os cômodos da residência ou do seu comércio, e também defume as pessoas presentes, vindo desde os fundos até a porta de entrada. Deixe ali, num canto, até se apagar totalmente, e depois despache numa mata longe de sua casa ou comércio. No dia seguinte, faça um defumador "para a positividade", para trazer alegria e claridade para todos.

DEFUMADOR 137
Para afastar olho-grande e inveja e ajudar a desprender os feitiços do seu ambiente familiar ou comercial

Existem ambientes familiares ou comerciais que são um "chamariz" para atrair o olho-grande e a inveja. Os defumadores ajudam a combater e a limpar essas grandes negatividades. Este é um dos mais poderosos para ajudá-lo(a). Faça!

Elementos
- *uma cebola, desidratada e picada*
- *três alhos, desidratados e picados*
- *arruda, seca e picada*

- *guiné-pipiu, seca e picada*
- *folhas de corta-mironga, secas e picadas*

Como fazer

Misture os ingredientes. Prepare um braseiro e vá colocando os elementos aos poucos até levantar a fumaça. Comece a defumar desde os fundos até a porta da entrada e dê início defumando pessoa por pessoa. A seguir, defume toda a residência ou o comércio, cômodo por cômodo, calmamente, fazendo seus pedidos e usando seu pensamento positivo, para lutar contra as forças negativas. Leve o defumador até a porta da frente e, se puder, deixe num canto até se apagar. Posteriormente, leve as sobras para uma praça ou um campo, longe de sua casa, e despeje lá. Faça duas vezes por mês, durante três meses, e depois faça quando sentir necessidade. Boa sorte!

DEFUMADOR 138
Para afastar influências espirituais negativas ou a presença de espíritos negativos em sua residência ou em seu comércio

Este defumador é excelente para afastar influências nefastas, que trazem perturbações, desacertos familiares, e desarmonizam os ambientes. Faça este defumador com todo o ambiente aberto – janelas e portas, se puder –, com um copo d'água no centro da sala; após fazer o defumador, jogue a água na rua. No dia seguinte, faça um defumador de positividade.

Elementos

- *flor de quaresmeira-da-serra (ou do mato), seca e picada (ou pode ser desidratada)*
- *uma colher, de chá, de açafrão*
- *cascas de ovos vermelhos, secas e picadas*
- *uma colher, de sopa, de erva-doce*
- *uma colher, de sopa, de açúcar mascavo*

Como fazer

Prepare um braseiro. Misture os ingredientes e coloque aos poucos sobre as brasas. Defume desde os fundos da casa ou do ponto comercial, vagarosamente, pedindo força e ajuda aos seus protetores, percorrendo todos os cômodos e defumando também as pessoas presentes. Termine na porta da frente e, se puder, deixe queimando num canto até se apagar. Mais tarde, leve somente os restos e coloque no portão de uma igreja longe da sua casa. Faça uma vez por semana, durante um mês. Após esse período faça de 15 em 15 dias, até sentir que uma calmaria se instalou em sua casa. Boa sorte!

Defumadores com elementos muito especiais

DEFUMADOR 139
Defumador Milagroso das Sete Ervas Sagradas

Serve para desatar nós, tirar barreiras que impedem seu crescimento, ajudar a ter sucesso na vida profissional ou amorosa. Esta quantidade pode ser dividida para ser usada em vários dias de defumação.

Elementos
- *folhas de arruda macho, secas*
- *folhas de arruda fêmea, secas*
- *folhas de desata-nó, secas*
- *folhas de tira-teima, secas*
- *folhas de vence-demanda, secas*
- *folhas de guiné, secas*
- *folhas de saco-saco, secas*
- *uma noz-moscada, ralada*
- *duas colheres, de sopa, de incenso de boa qualidade*
- *duas colheres, de sopa, de benjoim*
- *uma colher, de sopa, de dandá-da-costa,, triturado*

Como fazer

Faça um braseiro. Junte os elementos e vá colocando aos poucos por cima do braseiro, até sentir o perfume e a fumaça surgindo. Defume primeiramente a pessoa necessitada, com calma, para limpá-la e afastar as forças negativas que, porventura, a estão envolvendo. A seguir, defume as demais pessoas presentes e comece a defumação a partir dos fundos da residência ou do comércio. Incense todo o ambiente, até a porta da frente. Deixe o braseiro queimando em local possível, até as brasas se apagarem. Despache as sobras em local distante, numa mata ou numa estrada, embaixo de uma árvore.

DEFUMADOR 140
Defumador Milagroso das 21 Ervas Sagradas, ou "Defumador das 21 Linhas"

Esta quantidade pode ser dividida para ser usada em vários dias de defumação.

Elementos
- *folhas de aroeira-branca, secas*
- *folhas de aroeira-vermelha, secas*
- *folhas de colônia, secas*
- *folhas de cajá-manga, secas*
- *folhas de cajá-mirim, secas*
- *folhas de mangueira, secas*
- *folhas de eucalipto, secas*
- *folhas de manjericão, secas*
- *folhas de arruda macho, secas*
- *folhas de arruda fêmea, secas*
- *folhas de desata-nó, secas*
- *folhas de tira-teima, secas*
- *folhas de vence-demanda, secas*
- *folhas de guiné, secas*
- *folhas de saco-saco, secas*
- *folhas de alecrim, secas*
- *folhas de camomila, secas*
- *folhas de erva-tostão, secas*
- *folhas de dinheiro-em-penca, secas*
- *folhas de peregum (nativo ou pau-d'água), secas*
- *folhas de manjerona, secas (ou desidratadas)*
- *três nozes-moscadas, raladas*
- *duas colheres, de sopa, de incenso de boa qualidade*
- *duas colheres, de sopa, de benjoim*
- *uma colher, de sopa, de dandá-da-costa triturado*

Como fazer

Junte todos os ingredientes e vá colocando aos poucos em cima de um braseiro. Defume primeiramente as pessoas, com calma e com bons pensamentos. A seguir, comece a defumar o ambiente, a partir dos fundos da residência ou do comércio, pedindo que a fumaça limpe as pessoas e o ambiente, e leve as negatividades, o olho-grande, a inveja etc. para o Astral. Encerre na porta da frente e deixe num local onde possa ficar até as brasas se apagarem. Despache as sobras em local distante, embaixo de uma árvore, ou jogue num rio.

Oito defumadores de alecrim para ajudá-lo

O alecrim é uma erva essencialmente especial e repleta de boas qualidades, pois ajuda o ser humano em seus momentos de tristeza e de depressão, proporcionando uma sensação de paz, harmonia, felicidade e alegria.

Sendo considerada um excelente revigorante pessoal e familiar, ela traz no seu uso uma sensação de contentamento e de prazer. É também uma erva que ilumina e dá claridade à nossa vida.

Com todos esses adjetivos, podemos considerar que o alecrim é uma erva ímpar, multifacetada, pois seus banhos, e também seu uso nos defumadores, revigoram nosso corpo e nosso espírito, nos harmonizam com o meio ambiente e nos devolvem a vontade de viver.

Essa folha tem excelentes propriedades para variados casos, inclusive é muito usada também na culinária. Seu uso em defumadores, ou banhos, abre uma conexão física e espiritual, que proporciona bons fluidos e um excelente bem-estar.

DEFUMADOR 141

Elementos
- *folhas de alecrim*
- *pétalas de rosas-brancas*
- *uma colher, de sopa, de açúcar*

Como fazer
Prepare um braseiro. Misture as folhas, de preferência picadas, com as pétalas e com o açúcar. Coloque aos poucos por cima do braseiro e deixe levantar a fumaça. Passe o defumador primeiramente em você e depois incense desde a porta de entrada, passando pela casa toda, pedindo somente coisas boas, com o pensamento positivo

na alegria, fazendo com que o Astral traga alegria para a sua vida e para a sua casa. Deixe queimando nos fundos. Faça sempre que sentir necessidade de melhorar seus pensamentos. Use a força do seu pensamento para ser feliz e alegre!

DEFUMADOR 142

Elementos
- *folhas de alecrim*
- *folhas de abre-caminho*
- *um pedaço de fava de baunilha (ou vanilina em pó ou três gotas de essência de baunilha)*

Como fazer
Misture as folhas, de preferência picadas, e coloque por cima do braseiro. Ao levantar a fumaça, pingue a essência ou coloque a fava. Comece defumando você e depois defume da porta da entrada para os fundos, passando por todos os cômodos da casa ou do comércio. Faça sempre com o pensamento em coisas boas, positivas, prósperas. Deixe no final da residência até se apagar. As sobras, leve para colocar embaixo de uma árvore frondosa.

DEFUMADOR 143

Elementos
- *folhas de alecrim*
- *uma colher, de sobremesa, de incenso*
- *uma colher, de sobremesa, de benjoim*

Como fazer
Prepare um braseiro. Junte os ingredientes e coloque aos poucos por cima das brasas até surgir a fumaça. Comece a defumar pela porta de entrada, defume todos os presentes e todos os cômodos da residência. Deixe nos fundos, num canto até se apagar. Leve as sobras para uma praça, mata limpa, ou deixe embaixo de uma árvore frondosa.

DEFUMADOR 144

Elementos
- *folhas de alecrim*
- *uma colher, de sobremesa, de mirra*
- *uma colher, de sobremesa, de açúcar mascavo*

Como fazer
Junte todos os ingredientes e coloque por cima de um braseiro. Comece a defumar na porta de entrada, defume as pessoas, toda a residência ou todo o comércio, sempre fazendo seus pedidos e usando a força poderosa da sua fé e do seu pensamento positivo, que só assim as coisas positivas têm um domínio sobre as perturbações. Deixe nos fundos da casa e, quando se apagar, despache as sobras embaixo de uma árvore sem espinhos e frondosa. Boa sorte!

DEFUMADOR 145

Elementos
- *folhas de alecrim*
- *uma colher, de sopa, de camomila*
- *uma colher, de chá, de pó ou folhas de sândalo*

Como fazer
Prepare um braseiro e acrescente, aos poucos, os ingredientes bem misturados. Quando começar a surgir a fumaça, defume sua casa ou comércio, desde a porta de entrada até a parte dos fundos. Pode defumar todas as pessoas presentes, também, sempre pedindo e com pensamento positivo, para atrair somente coisas boas. Deixe queimando em um canto até se apagar e depois despache as sobras numa praça ou num gramado.

DEFUMADOR 146

Este defumador é excelente para aqueles lares, aquelas famílias, que estão em desarmonia constante, intranquilos e sem alegria.

Elementos
- *folhas de alecrim*
- *folhas de colônia, secas*
- *folhas de manjericão, secas*
- *uma colher, de sobremesa de noz-moscada, ralada*

Como fazer
Junte os ingredientes, coloque aos poucos por cima de um braseiro e defume sua casa desde a porta de entrada até a parte dos fundos, inclusive as pessoas presentes. Vá fazendo seus pedidos, com fé e firmeza. Deixe em um canto até se apagar e depois despache as sobras numa praça ou embaixo de uma árvore frondosa.

DEFUMADOR 147

Este defumador é muito bom para atrair sorte e dinheiro.

Elementos
- *folhas de alecrim*
- *folhas de acocô*
- *uma colher, de chá, de açúcar mascavo*

Como fazer
Prepare o braseiro. Junte os elementos e coloque aos poucos sobre o braseiro. Comece a defumar da porta da entrada, passe pelos cômodos, defume as pessoas presentes, sempre fazendo seus pedidos com pensamento positivo e firmeza. Deixe queimando na parte de trás da residência ou do comércio e, após se apagar, despeje as sobras embaixo de uma árvore ou em uma praça ou gramado.

DEFUMADOR 148

Este defumador serve também para ativar o seu lado sensual.

Elementos
- *folhas de alecrim*
- *folhas de agarradinho*
- *uma colher, de chá, de açúcar mascavo*
- *uma colher, de chá, de noz-moscada, ralada*

Como fazer

Misture todos os elementos e coloque aos poucos sobre o braseiro. Defume, a partir da porta de entrada, todos os compartimentos da casa ou do comércio e também as pessoas presentes. Vá fazendo seus pedidos, com fé, firmeza e concentração. Termine nos fundos da casa e deixe ali até se apagar. Depois leve as sobras e coloque embaixo de uma árvore ou em uma praça.

Defumador especial para todas as ocasiões

DEFUMADOR 149
Para trazer união, tranquilidade e harmonia com o meio ambiente e com aqueles que lhe rodeiam

Este é considerado o "top" dos defumadores, pois é feito com produtos especiais e, por isso, só proporciona coisas boas e positivas!

Elementos
- *folhas de baunilha, desidratadas*
- *folhas de alecrim, secas*
- *um pedaço de fava de baunilha*
- *uma colher, de sobremesa, de incenso*
- *uma colher, de sobremesa, de benjoim*
- *uma colher, de sobremesa, de noz-moscada, ralada*
- *uma colher, de sopa, de camomila*
- *uma colher, de sopa, de gergelim branco*
- *uma colher, de sopa, de açúcar mascavo*

Como fazer
Este defumador deve ser feito uma vez por mês, de preferência às sextas-feiras, sábados e domingos pela manhã, em Lua Crescente ou Cheia. E também quando você for fazer grandes festividades na sua casa. Dessa forma, sua casa estará sempre preparada e cercada de grande positividade!

    Prepare um braseiro bem forte. Misture os elementos (não precisa usar toda a mistura de uma única vez. Guarde em lata fechada e use quando achar necessário) e vá pondo aos poucos sobre as brasas. Defume-se e defume todos os presentes. Comece a defumar da porta da entrada, passe calmamente em todos os cantos da casa, sempre usando sua fé, sua força positiva e pedindo o que deseja às forças da Natureza e do Astral. Quando chegar aos fundos da residência, deixe em um canto até se apagar. As sobras, espalhe numa praça limpa ou num rio bem limpinho, pedindo que sua casa ou seu comércio sejam um reduto de felicidade e alegrias. Se quiser, faça uma vez por mês, ou quando sentir vontade ou necessidade. Alegrias!

Defumadores feitos com flores de papoula

A papoula é uma flor originária da Europa e muito procurada para enfeitar as residências, e também muito usada em banhos e defumadores pelos europeus.

A papoula-vermelha nos remete à sedução, ao amor; a papoula-rosa lembra simpatia, alegria; a branca nos traz tranquilidade, paz; e a amarela lembra a claridade dos raios do Sol. São excelentes para defumadores e trazem ótimos resultados.

DEFUMADOR 150
Para seduzir e "chamar" o amor para sua vida, para sua casa

Elementos
- *flores de papoula-vermelha, secas*
- *pétalas de duas rosas-vermelhas, secas*
- *uma colher, de sopa, de açúcar*
- *uma colher, de sobremesa, de noz-moscada, ralada*
- *gotas de essência de verbena*

Como fazer
Junte e misture bem os elementos. Prepare um braseiro e vá colocando aos poucos os ingredientes. Deixe a fumaça espalhar e pingue algumas gotas da essência, para perfumar ainda mais a sua casa. Vá defumando a partir da porta da entrada. Defume também você e as demais pessoas. Percorra toda a casa até os fundos. Deixe lá até se apagar e despache as sobras num local movimentado e limpo ou numa árvore bem florida. Faça de 15 em 15 dias se quiser, porém, não espere que as coisas sejam imediatas. Devemos ter fé, acreditar e ter esperança, sem, contudo, ser "imediatistas". Grandes amores!

DEFUMADOR 151
Para trazer claridade e luminosidade para sua casa, seu comércio, sua vida

Elementos
- *flores de papoula-amarela, secas*
- *pétalas de duas rosas-amarelas, secas*
- *uma colher, de sopa, de açúcar*
- *uma colher, de sobremesa, de noz-moscada, ralada*
- *uma colher, de sopa, de incenso*
- *gotas de essência de opium*

Como fazer
Misture os ingredientes, menos a essência. Coloque os elementos aos pouquinhos, por cima de um braseiro bem forte e pingue algumas gotas da essência. Comece a defumar-se primeiramente, a seguir as pessoas presentes e a casa toda, a partir da porta de entrada, pedindo claridade, saúde, prosperidade às forças do Astral e da Natureza. Deixe nos fundos até acabar de queimar, depois coloque as sobras numa praça movimentada ou num local bem frequentado, positivo. Se desejar, pode fazer duas vezes por mês.

DEFUMADOR 152
Para tranquilidade, harmonia, paz e entendimento

Elementos
- *flores de papoula-branca, secas*
- *pétalas de duas rosas-brancas, secas*
- *flores de angélica, secas*
- *uma colher, de sopa, de açúcar*
- *uma colher, de sobremesa, de noz-moscada, ralada*
- *uma colher, de sopa, de incenso*
- *gotas de essência de canela*

Como fazer
Junte os ingredientes, exceto a essência. Prepare um braseiro e coloque, aos poucos, o defumador e algumas gotas da essência. Deixe a fumaça espalhar-se pelo ambiente e, depois, defume-se e defume todos os participantes. A seguir defume a casa, desde a porta da entrada, pedindo às forças astrais que tragam paz, tranquilidade etc. para aquela residência ou aquele comércio. Percorra todos os cômodos calmamente. Quando chegar aos fundos da casa, deixe queimar até se apagar. Depois leve as sobras para uma praça, num local bem limpo ou deixe embaixo de uma árvore sem espinhos. Se quiser, repita de 15 em 15 dias. Muita paz!

DEFUMADOR 153
Para você atrair simpatia, alegria e amigos

Elementos
- *flores de papoula-rosa, secas*
- *pétalas de duas rosas-cor-de-rosa, secas*
- *flores de amor-do-campo, de cores variadas, secas*
- *uma colher, de sobremesa, de noz-moscada, ralada*
- *uma colher, de sopa, de açúcar*
- *gotas de essência de cravo*
- *gotas de essência de rosa-mosqueta*

Como fazer
Faça um braseiro bem forte. Misture os elementos, exceto as essências. Coloque os ingredientes por cima do braseiro. Deixe a fumaça espalhar-se um pouco e coloque um pouco das essências. Comece a defumação na porta da entrada, defumando você primeiro e depois as demais pessoas. Siga defumando com calma toda a residência ou todo o comércio, sempre usando sua fé, sua força religiosa, e pedindo coisas positivas, saúde, alegria etc. Ao chegar aos fundos da casa, deixe o defumador ali até se apagar. Depois leve as sobras e ponha num local calmo, limpo (matinho, praça, árvore sem espinhos). Se desejar, repita de 15 em 15 dias.

Defumadores com as flores da bougainville

DEFUMADOR 154
Para seduzir, atrair olhares interessantes, chamar clientes para seu comércio

Este defumador é muito bom para atrair clientela para o seu comércio, e também para os proprietários do comércio, pois precisam também ter um modo de "seduzir" e agradar seus clientes, para que comprem da sua empresa.

Elementos
- *flores de bougainville amarela, desidratadas*
- *pétalas de três rosas-amarelas*
- *uma colher, de sobremesa, de canela em pó*
- *uma colher, de sopa, de açúcar cristal*

Como fazer
Prepare um braseiro, misture todos os ingredientes e vá colocando-os suavemente sobre o braseiro. Quando surgir a fumaça, defume a partir da porta da entrada todas as pessoas presentes e, a seguir, sua residência ou seu comércio. Defume todas as dependências e leve para os fundos. Deixe num canto até se apagar totalmente. Mais tarde, leve somente as sobras e deixe numa praça ou embaixo de uma árvore.

DEFUMADOR 155
Para ajudar na estabilidade, no equilíbrio, trazer calma e paz

Elementos
- *flores de bougainville branca, desidratadas*
- *uma colher, de sopa, de gergelim*
- *uma colher, de sopa, de açúcar cristal*

Como fazer

Junte os ingredientes e vá colocando aos poucos em cima de um braseiro. Comece a defumar na porta da frente as pessoas presentes e depois percorra todos os cômodos, calmamente, fazendo seus pedidos ou suas orações, deixando a fumaça espalhar-se pelos ambientes. Termine nos fundos e deixe num cantinho até queimar totalmente. No dia seguinte, leve somente as sobras e coloque numa praça limpinha, e deixe num gramado ou entre folhagens. Faça duas vezes por mês, ou quando sentir um certo desequilíbrio no ambiente. Muita paz!

DEFUMADOR 156
Para sedução, atração, ter ousadia e ajudar a vencer a timidez

Elementos
- *flores de bougainville vermelha, desidratadas*
- *pétalas de três rosas-vermelhas*
- *uma colher, de sopa, de açúcar refinado*
- *três gotas de essência de verbena*

Como fazer

Misture os três primeiros ingredientes e coloque em cima de um braseiro bem forte. A seguir acrescente as gotas da essência e comece a defumar as pessoas, desde a porta da frente da casa. A seguir defume cômodo por cômodo, calmamente, fazendo seus pedidos com fé e usando o poder da sua mente positiva. Siga até os fundos da casa e deixe o incensório num canto até se apagar totalmente o defumador. Posteriormente, leve as sobras e deixe numa praça.

DEFUMADOR 157
Para neutralizar as más influências ou negatividades

Elementos
- *flores de bougainville lilás*
- *casca de pera, seca*
- *flores de pessegueiro, desidratadas*
- *cinco gotas de essência de pêssego*

Como fazer
Prepare um braseiro, junte os três primeiros ingredientes e ponha em cima do braseiro. Quando começar a sair a fumaça, coloque as gotas da essência. Defume a partir da porta da frente todos os presentes e, a seguir, a casa ou o comércio por inteiro, calmamente, fazendo seus pedidos com fé e firmeza. Prossiga com o defumador até os fundos e deixe num canto até se apagar totalmente. No dia seguinte, leve as sobras e coloque num gramado ou no pé de uma árvore.

Defumadores especiais para atrair um amor ou para esquentar seus momentos amorosos

DEFUMADOR 158
Para ampliar seu poder de sedução, torná-la mais sensual

Elementos
- *folhas e flores de dama-da-noite, secas*
- *pétalas de três rosas-vermelhas*
- *uma colher, de chá, de pó de patchuli*
- *folhas e flores de amor-perfeito, secas*
- *uma colher, de sopa, de açúcar cristal*

Como fazer
Corte as folhas e as flores e misture aos demais elementos. Prepare um braseiro forte e vá colocando o defumador aos poucos. Comece a defumar desde os fundos da casa, passando primeiro em você e nos cômodos da casa e chegando até a porta de entrada. Defume bem a porta e retorne com o defumador novamente aos cômodos, terminando nos fundos. Deixe queimar e, quando se apagar, coloque num jardim ou numa praça bem movimentada. Se quiser, depois tome um banho com folhas de rosas-vermelhas, do pescoço para baixo, com um pouco de um perfume bem afrodisíaco. Sorte e grandes amores!

DEFUMADOR 159
Para você "chegar" chamando a atenção e tornar-se, assim, o "centro das atenções"

Elementos
- *folhas de salsão, picadas e secas*
- *folhas de beterraba, picadas e secas*
- *uma colher, de sopa, de mirra*
- *uma colher, de sopa, de açúcar cristal*

Como fazer
Misture os ingredientes e vá colocando aos poucos sobre o braseiro e comece a defumar a partir da porta de entrada da sua casa ou do seu comércio. Defume você também e os demais cômodos, elevando seu pensamento em coisas boas e positivas. Leve até os fundos e deixe lá até se apagar, e depois deixe em um local de movimento, embaixo de uma árvore ou em uma praça movimentada, num local limpo e discreto. Sorte!

DEFUMADOR 160
Para atrair um amor; tornar-se chamativa onde chegar

Elementos
- *flores de manacá-da-serra, secas*
- *uma colher, de sopa, de camomila*
- *pétalas de três rosas-vermelhas*
- *cinco gotas de essência de violeta ou de rosa-mosqueta*

Como fazer
Misture os três primeiros ingredientes e ponha num braseiro bem forte. Quando subir a fumaça, acrescente a essência e comece defumando desde a porta de entrada. A seguir, defume todos os cômodos e defume-se também, mentalizando coisas poderosas, positivas, usando seu pensamento firme e sua fé. Deixe queimar num canto e leve as sobras para uma praça bem movimentada, num gramado

ou embaixo de uma árvore. Faça duas vezes por mês, ou quando for sair para eventos, passeios, encontros...

DEFUMADOR 161
Para atrair simpatia, alegria, claridade

Elementos
- *uma colher, de sopa, de sementes de girassol*
- *uma colher, de sopa, de açúcar refinado*
- *três gotas de essência de baunilha (vanilina)*

Como fazer
Prepare um braseiro forte. Misture as sementes com o açúcar e coloque por cima do braseiro. Após levantar a fumaça, pingue as gotas da essência e comece a defumar-se e também as pessoas presentes, na porta de entrada da residência ou do comércio. Prossiga defumando, com calma e paciência, cada cômodo, sempre pedindo e mentalizando coisas boas e positivas para sua vida ou para seu comércio. Deixe o braseiro queimando num canto nos fundos da casa até se apagar. Depois leve as sobras para um gramado numa praça. Faça duas a três vezes por mês, ou sempre que sentir o ambiente carregado. Muitas alegrias!

DEFUMADOR 162
Para você atrair os olhares onde chegar

Elementos
- *uma colher, de sopa, de sementes de girassol*
- *uma flor de girassol (pode ser desidratada)*
- *um pouco de noz-moscada, ralada*
- *uma colher, de chá, de erva-doce*

Como fazer
Junte todos os ingredientes, misture bem e coloque aos poucos por cima de um braseiro bem quente. Comece defumando da porta da rua para dentro, passando nas pessoas e depois em cada cômodo,

sempre pedindo que as forças poderosas da Natureza lhe ajudem, que façam você ser notada, ser o centro das atenções nos grandes eventos, conseguir uma melhor posição no emprego, conseguir atrair a atenção daquela pessoa tão desejada etc. Enfim, ser mais chamativa! Termine nos fundos da residência e deixe queimando até se apagar. Quando esfriar, embrulhe as sobras num papelzinho e coloque num local de grande movimento. Sorte, sorte, sorte!

DEFUMADOR 163
Para provocar encantamento, fascínio

Elementos
- *uma colher, de sopa, de sementes de girassol*
- *duas colheres, de sobremesa, de araruta*
- *pétalas de três rosas-amarelas*
- *uma colher, de sopa, de flor de laranjeira, desidratada*

Como fazer
Prepare um braseiro bem forte, misture todos os ingredientes e vá colocando aos poucos sobre o braseiro. Defume-se bem e a seguir defume, da porta da frente até os fundos, todos os cômodos, sempre fazendo seus pedidos e mentalização. Deixe queimando num canto até se apagar e, a seguir, leve as sobras e coloque num gramado ou numa praça.

DEFUMADOR 164
Para momentos especiais ou para conquistar aquele amor tão desejado

Elementos
- *folhas de anis, secas*
- *pétalas de rosa-amarela, secas*
- *um punhado de salsa, seca (ou desidratada)*
- *uma colher, de sopa, de açúcar*
- *cinco gotas de essência de verbena*

Como fazer

Junte os elementos, porém, deixe a essência para colocar por último. Coloque os ingredientes em cima do braseiro e, a seguir, pingue algumas gotas de essência. Comece a defumar da porta da frente até os fundos, passando primeiro em você e depois em todos os cômodos, com calma e pensamento positivo em coisas boas e no que você deseja. Deixe a fumaça perfumar seu comércio ou sua casa. Ponha num canto e deixe até se apagar, depois leve e coloque num local limpo, matinho, praça ou embaixo de uma árvore frondosa.

DEFUMADOR 165
Para atrair as atenções,
ser logo notada e cobiçada

Elementos
- *cinco gotas de essência de girassol*
- *pétalas de uma rosa-vermelha*
- *uma colher, de sopa, de açúcar cristal*

Como fazer
Misture o açúcar com as pétalas e coloque em cima do braseiro. Pingue a seguir algumas gotas da essência. Defume bem a pessoa. Se quiser, defume a casa, para atrair positividade e claridade. Faça sempre que precisar comparecer a locais de grande concentração, como festas, eventos etc.

DEFUMADOR 166
Para conquistas amorosas e trazer energia

Elementos
- *três gotas de essência de verbena*
- *três gotas de essência de opium*
- *três gotas de essência de cravo*
- *três gotas de essência de canela*

- *três gotas de essência de café*
- *duas colheres, de sopa, de açúcar cristal*

Como fazer

Coloque o açúcar aos poucos em um braseiro. Espere a fumaça surgir e pingue algumas poucas gotas de cada essência. Defume a pessoa (ou pessoas) com essa fumaça especial. A seguir, vá defumando da porta da frente até os fundos devagar, fazendo seus pedidos, sentindo o perfume do defumador e pensando somente em coisas boas e positivas. Deixe queimando num cantinho. Repita uma vez por semana durante um mês, e depois de 15 em 15 dias. Grandes conquistas e sorte!

DEFUMADOR 167
Para atrair um amor

Elementos

- *folhas de mil-homens, secas e cortadas*
- *folhas e flores de agarradinho, secas e cortadas*
- *uma colher, de sopa, de açúcar*
- *uma colher, de chá, de canela em pó*
- *cinco gotas de essência de lótus*

Como fazer

Prepare um braseiro, misture todos os ingredientes, exceto a essência. Vá colocando aos poucos os elementos e jogue por cima das brasas fumegantes. Quando começar a sair a fumaça, acrescente algumas gotas da essência. Defume-se bem primeiramente. A seguir, defume as outras pessoas presentes, sempre usando o seu pensamento positivo em coisas felizes. A seguir, defume, desde a porta de entrada, todos os cômodos, e termine nos fundos da residência. Deixe ali até se apagar. Mais tarde leve as sobras e coloque num local de grande movimento e com pessoas alegres, de bem com a vida, como praça, próximo a uma igreja, bares prósperos. Lugar de encontros! Faça quando achar que está com um bom astral e tenha certeza de que vai dar certo! Grandes amores!

DEFUMADOR 168
Para despertar o desejo sexual do homem ou mulher desejado(a); para melhorar o relacionamento com a pessoa amada

Elementos
- *uma colher, de sopa, de açúcar cristal*
- *pétalas de cinco rosas-brancas, secas*
- *pétalas de cinco rosas-vermelhas, secas*
- *uma colher, de sopa, de incenso*
- *cinco gotas de essência de verbena (de boa qualidade)*
- *cinco gotas de essência de opium (de boa qualidade)*

Como fazer
Misture bem os ingredientes, exceto as essências. Faça um braseiro e coloque aos poucos o defumador, até que surja a fumaça. Pingue algumas gotas das essências e deixe a fumaça espalhar-se. Defume-se com calma e a seguir defume a casa, desde a porta da entrada até os fundos. Defume especialmente o quarto do casal, fazendo seus pedidos. Deixe o braseiro nos fundos da residência e só retire quando as brasas se apagarem. A princípio, faça três vezes por semana, durante um mês. Em seguida, faça uma vez por semana.

DEFUMADOR 169
Para esquentar seus momentos amorosos com seu homem

Elementos
- *pétalas de duas rosas-brancas*
- *pétalas de duas rosas-vermelhas*
- *pétalas de duas rosas-amarelas*
- *três flores de amor-perfeito*
- *uma colher, de sopa, de incenso*
- *cinco gotas de essência de verbena (de boa qualidade)*
- *cinco gotas de perfume (ou essência) de opium*

Como fazer

Misture bem os ingredientes, deixando as essências por último. Faça um braseiro e coloque aos poucos o defumador. Deixe levantar a fumaça e pingue algumas gotas das essências. Vá defumando, fazendo seus pedidos e mentalizando o bom relacionamento do casal. Defume bem a pessoa (se puder defumar o casal junto, melhor ainda!) e vá defumando a residência, desde a porta da entrada, dando especial atenção ao quarto do casal. Termine a defumação nos fundos e deixe o braseiro no local até se apagar. Faça este defumador por três dias seguidos, durante um mês. Depois, faça uma vez por semana. Sorte!

DEFUMADOR 170
Para ajudar a aflorar a sua libido e ajudar a encontrar um amor

Elementos
- *folhas e flores de acácia, secas*
- *folhas e flores de hortênsia*
- *pétalas de três rosas-vermelhas, secas*
- *folhas de manjerona, secas*
- *folhas de jasmim, secas*
- *gotas de essência de opium*

Como fazer

É excelente fazer num sábado. Prepare um braseiro bem forte. Corte as folhas e as flores e junte aos outros ingredientes, menos a essência. Coloque aos poucos o defumador por cima do braseiro, até levantar a fumaça. Acrescente, então, algumas gotas da essência. Comece nos fundos. Defume primeiro você e vá defumando os cômodos, fazendo seus pedidos, até chegar à porta da casa. Retorne com o defumador pelo mesmo caminho e deixe queimando nos fundos da residência. Após se apagar, leve os restos e ponha num gramado limpinho, num jardim florido ou embaixo de uma árvore frondosa e florida. Grandes conquistas!

Defumadores especiais para pessoas que trabalham nas madrugadas (bares, boates, danceterias e cabarés)

DEFUMADOR 171
Especial para mulheres e homens que trabalham na madrugada

Elementos
- *folhas de alfazema, secas e cortadas*
- *cabelo de milho*
- *folhas de gamadinho ou agarradinho, secas*
- *uma colher, de sopa, de açúcar cristal*

Como fazer
Junte os ingredientes. Faça um braseiro e coloque pequenas porções dos elementos. Defume a partir da porta de entrada, defume as pessoas e todos os cômodos. Vá fazendo seus pedidos, com fé, usando sua força positiva e firmeza. Termine nos fundos e deixe ali até se apagar. Despache as sobras em uma praça, embaixo de uma árvore frondosa e sem espinhos.

DEFUMADOR 172
Para atração sexual e para chamar a atenção nas madrugadas

Elementos
- *folhas de alfazema, secas e cortadas*
- *folhas de salsinha, picadas*
- *folhas de amor-do-campo, secas e cortadas*
- *pétalas de sete rosas-vermelhas*
- *folhas e flores de brinco-de-princesa*

Como fazer

Misture os elementos e coloque aos poucos por cima de um braseiro bem forte. Comece a defumar as pessoas na porta da entrada e, a seguir, continue defumando a residência ou o comércio, cômodo por cômodo, até os fundos. Deixe o defumador num canto até se apagar e depois despache as sobras em local limpo, numa praça movimentada.

DEFUMADOR 173
Para atrair sorte no amor, em geral, e também amenizar as dificuldades amorosas

Este defumador vai ajudar a trazer sorte no amor, harmonia, e cortar as brigas amorosas.

Elementos
- *uma colher, de sopa, de sementes de girassol*
- *folhas e flores de angélica, desidratadas*
- *folhas e flores de laranjeira, desidratadas*
- *três gotas de essência de dama-da-noite*

Como fazer

Junte os três primeiros elementos e misture bem. A seguir, coloque por cima de um braseiro bem forte. Quando levantar a fumaça, pingue as gotas da essência e comece a defumar desde a porta da entrada, vagarosamente, e fazendo seus pedidos, com o coração limpo e fervoroso. Defume todos os lugares da residência ou do ambiente comercial. Quando chegar ao fundo do local, deixe o defumador num canto até se apagar e esfriar. Despache as sobras num gramado ou num jardim.

DEFUMADOR 174
Para atração, transmitir sensualidade

Este defumador pode ser feito em qualquer dia e a qualquer hora, mas também pode ser feito num dia especial, quando você for participar de um evento, festas, para ajudá-la(o) a chamar a atenção, ser notada(o) logo na entrada. Tenha uma alta autoestima e segurança de que vai brilhar e, com certeza, conseguirá!

Elementos
- *uma colher, de sopa, de sementes de girassol*
- *salsa desidratada*
- *uma colher, de sobremesa, de cominho em pó*
- *uma colher, de sopa, de canela em pó*
- *uma colher, de sobremesa, de benjoim*

Como fazer
Misture os ingredientes e coloque aos poucos em cima do braseiro. Comece defumando desde a porta de entrada. Defume todas as pessoas, inclusive quem estiver fazendo o defumador. Percorra com calma todos os cômodos e vá fazendo seus pedidos, mentalizando somente coisas boas e positivas. Deixe nos fundos da casa queimando e depois leve as sobras para um local limpo e movimentado.

DEFUMADOR 175
Especial para ajudar a ativar seu brilho pessoal, sua simpatia e seu poder de sedução

Elementos
- *flores de cerejeira, desidratadas*
- *flores de angélica (podem ser desidratadas)*
- *flores de hortênsia*
- *folhas de salsinha, picadas*
- *uma colher, de sopa, de açúcar cristal*

Como fazer

Misture os ingredientes e vá colocando devagar em cima do braseiro. Deixe a fumaça espalhar-se e defume bem a pessoa, de frente e de costas. A seguir, defume da porta para dentro todos os ambientes da casa e termine na parte dos fundos. Deixe queimando num cantinho limpo e depois leve as sobras para uma praça bem movimentada. Faça três vezes por semana; depois faça de 15 em 15 dias, ou quando precisar ir a festas, eventos etc., para ser bem notada.

DEFUMADOR 176
Para ser desejada(o)

Elementos
- *flores de flamboyant, desidratadas*
- *uma colher, de sobremesa, de canela em pó*
- *uma noz-moscada, ralada*
- *uma colher, de sopa, de cravo-da-índia em pó*

Como fazer

Junte todos os ingredientes. Faça um braseiro e, aos poucos, vá colocando os elementos misturados por cima, deixando até começar a sair fumaça. Defume todas as pessoas a partir da porta da entrada. A seguir defume sua residência ou seu comércio totalmente, cômodo por cômodo, calmamente, pedindo às forças da Natureza que ajam positivamente na sua vida, e fazendo com fé e firmeza suas orações preferidas. Quando chegar aos fundos da casa, deixe o incensório num canto até queimar totalmente o defumador. Quando acabar, leve somente as sobras para uma praça movimentada e deixe num canto limpinho ou no meio de flores. Repita, no primeiro mês, uma vez por semana.

DEFUMADOR 177
Para grandes conquistas amorosas, nas madrugadas

Elementos
- *pétalas de uma rosa-vermelha, de jardim*
- *uma flor de camomila*
- *uma flor de jasmim*
- *folhas de alecrim, secas*
- *cinco gotas de essência de magnólia*
- *cinco gotas de essência de opium*
- *duas colheres, de sopa, de açúcar cristal*

Como fazer
Junte os ingredientes, menos as essências. Vá colocando os elementos aos poucos por cima do braseiro e pingue, a seguir, algumas gotas das essências. Deixe levantar a fumaça e, então, defume as pessoas. Comece pela porta da frente, passe em todos os cômodos até terminar nos fundos. Deixe queimando até se apagar. Faça às segundas, quartas e sextas-feiras durante um mês, e depois faça de 15 em 15 dias. Sorte!

DEFUMADOR 178
Para atrair clientes especiais

Elementos
- *duas colheres, de sopa, de anis-estrelado, triturado*
- *pétalas de duas rosas-vermelhas, secas*
- *um pouco de salsinha, picada*
- *uma colher, de sopa, de açúcar refinado*
- *cinco gotas de essência de opium*

Como fazer
Misture o anis, as pétalas, a salsinha e o açúcar e espalhe aos poucos sobre o braseiro. Quando a fumaça começar a exalar, coloque algumas gotas da essência e defume-se. A seguir defume sua casa

ou seu comércio a partir da porta da entrada, defumando também todos os cômodos. Termine nos fundos e deixe num canto até se apagar. Depois, leve as sobras e coloque num canto de uma praça limpa e movimentada. Faça duas vezes por mês.

Defumadores para aliviar as doenças físicas, o estresse e a depressão, e reativar o prazer de viver, espantando o cansaço emocional e mental

DEFUMADOR 179
Para limpar as negatividades da saúde, afastar a depressão

Elementos
- *folhas de manjerona, secas*
- *folhas de alfazema, secas*
- *folhas de alecrim, secas*
- *uma colher, de sopa, de açúcar mascavo*

Como fazer
Prepare um braseiro, misture os ingredientes e vá colocando aos poucos no braseiro, deixando a fumaça espalhar-se. Comece da porta dos fundos para a porta da frente e defume bem as pessoas, todas as partes da casa, usando a força do seu pensamento positivo e fazendo seus pedidos. Se puder, deixe queimando na porta de entrada. Após se apagar, leve as sobras para colocar sob uma árvore. No princípio, faça de 15 em 15 dias, depois faça uma vez por mês ou quando sentir necessidade.

DEFUMADOR 180
Para ajudar a movimentar a parte espiritual das pessoas

A flor-de-lótus é uma flor sagrada na Índia e no Japão e uma planta cultivada na água. Para os povos desses países, é uma flor com propriedades espirituais e que serve para trazer elevação espiritual. É importante respeitar e acreditar nessas sabedorias milenares.

Elementos
- *flores de lótus de várias cores, desidratadas*
- *uma colher, de sopa, de gergelim*

Como fazer
Prepare um braseiro. Misture as flores com o gergelim e coloque aos poucos sobre o braseiro. Defume desde a porta de entrada as pessoas presentes e depois defume sua casa ou seu comércio, passando vagarosamente e fazendo seus pedidos por todos os cômodos. Quando chegar aos fundos da residência, deixe queimando num canto até se apagar totalmente. Depois leve as sobras e espalhe num jardim ou numa praça limpa e gramada. Faça duas vezes por mês.

DEFUMADOR 181
Para aliviar cansaço físico e emocional

Elementos
- *folhas de tília, secas*
- *folhas de alecrim, secas*
- *uma colher, de sopa, de açúcar refinado*

Como fazer
Misture as folhas, cortadas, com o açúcar e ponha aos poucos em cima de um braseiro. Deixe a fumaça levantar e defume bem as pessoas. A seguir, defume cada cômodo, com tranquilidade e fazendo seus pedidos, mentalizando melhora da saúde física e emocional. Deixe queimando num local e, após se apagar, coloque as sobras num vaso do lado de fora da casa ou num gramado. Faça uma vez por semana enquanto sentir o cansaço e depois repita de 15 em 15 dias, até melhorar. Se necessário, não deixe de procurar um médico também, pois um será apoio para o outro. Boa sorte e saúde!

DEFUMADOR 182
Para trazer saúde e alegria

Elementos
- *folhas de romã*
- *uma romã com sementes, seca e triturada*
- *uma colher, de sobremesa, de araruta*
- *uma colher, de sobremesa, de noz-moscada, ralada*
- *folhas de patchuli, secas*

Como fazer
Pique as folhas e misture todos os elementos. Faça um bom braseiro e vá colocando vagarosamente os ingredientes até esfumaçar. Comece a defumar desde a entrada da residência ou do comércio, fazendo seus pedidos e usando pensamento positivo e muita fé. Percorra todos os quatro cantos de cada cômodo e termine nos fundos da casa. Deixe o defumador num canto até se apagar e, depois, leve as sobras e coloque numa praça ou num gramado limpinho. Faça uma vez por semana. Felicidades!

DEFUMADOR 183
Para trazer energia e vivacidade para pessoas sensíveis, estressadas e tristes

Este defumador é bom para energizar pessoas que estão se sentindo enfraquecidas pela tristeza.

Elementos
- *flores de jasmim*
- *uma colher, de sopa, de alfazema*
- *flores de angélica*
- *um punhado de alecrim*
- *uma colher, de sopa, de açúcar cristal*

Como fazer
Despetale as flores e junte aos demais ingredientes. Vá colocando por cima de um braseiro, aos poucos, até levantar uma boa fumaça, que se espalhe pelo ambiente. Defume bem a pessoa que está precisando de ajuda, e também os demais participantes. Comece então a defumar a partir da porta da frente, passando pela casa toda, pedindo pela alegria, pela felicidade, e pedindo que as negatividades, o desânimo e a tristeza se afastem daquele lar. Use sua fé e seu amor. Quando chegar aos fundos da residência, deixe queimando até se apagar. Se puder, jogue as sobras no mar, num rio limpo ou num jardim bem bonito. Faça uma vez por semana, durante um mês. Depois faça de 15 em 15 dias e, finalmente, uma vez por mês. Sorte e muitas alegrias!

DEFUMADOR 184
Para ajudar a aliviar a tensão física do dia a dia

Este defumador faz uma limpeza astral, que ajuda a retirar do seu corpo as tensões, a tristeza, as angústias.

Elementos
- *folhas de sete-sangrias, secas*
- *flores de laranjeira*
- *uma colher, de sopa, de açúcar cristal*

Como fazer
Prepare um bom braseiro. Junte os ingredientes e comece a defumar, com calma, da porta para dentro. Defume primeiramente as pessoas e depois toda a residência. Deixe nos fundos, queimando. Após se apagar, jogue os restos num gramado ou num campo. Repita duas vezes por semana durante um mês, e faça sempre que sentir a necessidade de limpar o seu corpo físico e o corpo astral e o ambiente em que vive ou trabalha.

DEFUMADOR 185
Para trazer calmaria para os ambientes e para as pessoas ansiosas ou estressadas

Elementos
- folhas de capim-santo (ou capim-limão), secas
- folhas de panaceia, secas
- uma noz-moscada, ralada
- uma colher, de sopa, de açúcar cristal

Como fazer
Corte as folhas e misture com a noz-moscada e o açúcar cristal. Prepare um braseiro bem forte e vá colocando, aos poucos, os elementos. Deixe a fumaça espalhar-se pelo ambiente e comece defumando as pessoas e, a seguir, todos os cômodos, da porta da frente até os fundos. Vá fazendo suas preces, seus pedidos, com fé verdadeira e positiva. Deixe queimando num cantinho, até se apagar, e depois leve o que sobrou e coloque aos pés de uma árvore bonita. Faça duas vezes por mês ou quando sentir que o ambiente está precisando.

DEFUMADOR 186
Para trazer saúde, equilíbrio, tranquilidade e harmonia na sua vida

Elementos
- três gotas de essência de kiwi
- três gotas de essência de maçã-verde
- três gotas de essência de laranja
- duas colheres, de sopa, de açúcar refinado

Como fazer
Coloque o açúcar em cima do braseiro, aguarde levantar a fumaça e acrescente algumas gotas das essências, obtendo assim uma fumaça perfumada. Comece a defumar desde a porta da entrada. Defume as pessoas e, a seguir, a sua residência, fazendo seus pedidos e harmonizando-se com o ambiente e com a fumaça. Deixe queimando

nos fundos da casa. Se sentir necessidade, faça de 15 em 15 dias, pois este defumador é excelente para trazer paz e harmonia.

DEFUMADOR 187
Para ajudar no fortalecimento do seu corpo

Elementos
- *folhas de elevante, secas*
- *uma colher, de sopa, de açúcar refinado*
- *uma colher, de sobremesa, de noz-moscada, ralada*
- *uma colher, de sobremesa, de pó de umburama*

Como fazer
Misture os elementos e vá colocando aos poucos por cima do braseiro, até começar a sair fumaça. A partir daí, defume primeiramente você, na porta de entrada de sua casa ou de seu comércio, sempre fazendo seus pedidos, e a seguir defume todos os compartimentos e as pessoas presentes, terminando nos fundos. Deixe o defumador num canto até se apagar e despeje as sobras numa praça ou em um local florido.

DEFUMADOR 188
Para ajudar no equilíbrio mental, tranquilizar e harmonizar

Elementos
- *folhas de mulungu, secas (conhecida como muxoxo, em algumas regiões)*
- *uma colher, de sopa, de açúcar mascavo*

Como fazer
Prepare o braseiro e coloque por cima, aos poucos, os elementos bem misturados. Defume calmamente as pessoas e prossiga defumando a partir da porta de entrada até os fundos da residência ou do comércio, mentalizando paz, tranquilidade etc. Deixe esfriar e leve as sobras para colocar num rio ou no mar, se puder; ou leve

para uma praça calma e limpa. Faça uma vez por semana durante um mês e, posteriormente, duas vezes por mês.

DEFUMADOR 189
Para trazer saúde, paz, tranquilidade, felicidade

Elementos
- *uma flor de pessegueiro*
- *uma colher, de sopa, de açúcar*
- *uma colher, de sopa, de incenso*
- *três gotas de essência de lótus*

Como fazer
Prepare um braseiro. Junte os ingredientes e coloque aos poucos em cima das brasas, até soltar fumaça. Acrescente, a seguir, algumas gotas da essência. A partir daí defume sua casa ou seu comércio e as pessoas presentes, pedindo tudo de bom para todos e para o imóvel, iniciando na porta da frente e findando na parte de trás. Deixe o braseiro ali até que as brasas se apaguem. Faça uma vez por semana.

DEFUMADOR 190
Para ajudar no restabelecimento da saúde ou para afastar doença

Elementos
- *folhas de fedegoso, secas*
- *folhas de mãe-boa, secas*
- *uma colher, de sopa, de camomila*
- *uma colher, de sopa, de incenso*
- *uma colher, de sopa, de açúcar refinado*
- *uma colher, de sopa, de óleo de coco*

Como fazer
Junte os elementos e umedeça com o óleo de coco. Prepare um braseiro e coloque, aos poucos, o defumador. Defume as pessoas e, a seguir, a residência, desde os fundos até a porta de entrada. Faça

uma vez por semana ou enquanto a pessoa estiver se restabelecendo de alguma doença.

DEFUMADOR 191
Para afastar influências negativas que trazem doenças, perturbações

Elementos
- *folhas de peregum (nativo), secas*
- *folhas de dendezeiro, secas*
- *uma colher, de sobremesa, de dandá-da-costa, ralado*
- *uma colher, de sopa, de açúcar mascavo*

Como fazer
Misture os ingredientes e coloque em cima das pedras de carvão em brasa. Abra as janelas. Balance bem até sair a fumaça e comece a defumar desde a parte traseira de sua residência, ou de seu comércio, até a porta de entrada, limpando todo o ambiente. Defume também as pessoas presentes. Peça para saírem as influências negativas, as dificuldades, os empecilhos, as doenças etc. Deixe num canto até se apagar totalmente e depois despache num mato, numa praça ou embaixo de uma árvore.

DEFUMADOR 192
Para afastar doenças da sua casa

Elementos
- *folhas de mangueira, secas (ou desidratadas)*
- *folhas de sabugueiro, secas*
- *folhas de aroeira, secas*

Como fazer
Prepare um braseiro e coloque, aos poucos, por cima, os elementos todos bem misturados. Defume a partir dos fundos da sua residência ou do seu comércio, e defume também as pessoas presentes, pedindo

pela saúde, pela alegria. Faça este defumador duas vezes por mês, ou quando sentir necessidade.

DEFUMADOR 193
Para afastar tristeza, depressão e melancolia

Elementos
- *folhas de tamarindo, secas*
- *pedaços pequenos de bagaço de cana, triturados*
- *uma colher, de sopa, de açúcar cristal*

Como fazer
Misture os elementos e coloque aos poucos, e vagarosamente, em cima de um braseiro forte. Comece a defumar dos fundos da residência ou do comércio, defume também as pessoas, e termine na porta da entrada, sempre fazendo seus pedidos, seus rogos. Deixe queimar até se apagar e jogue os bagaços bem longe, numa praça ou num gramado.

DEFUMADOR 194
Para espantar mal-estar, desânimo, preguiça

Elementos
- *folhas de guaco, secas e picadas*
- *uma colher, de sopa, de farinha de mandioca*
- *uma colher, de sopa, de açúcar*

Como fazer
Prepare um bom braseiro e vá colocando os elementos já misturados aos poucos e devagar, por cima. Comece a defumar a partir dos fundos, defume as pessoas, os cômodos, sempre pedindo a ajuda das forças da Natureza, com pensamento positivo e muita fé. Leve para a porta de entrada da residência ou do comércio. Deixe queimando até esfriar e leve os restos para despachar em local bem longe, de preferência num rio ou mar. Se não houver essa possibilidade, deixe

embaixo de uma árvore, à beira de uma estrada. Faça uma vez por semana, durante um mês, e depois duas vezes por mês.

DEFUMADOR 195
Para ajudar no equilíbrio, na harmonização, proporcionar paz

Elementos
- *pedaços de algas marinhas, secas e cortadas*
- *uma colher, de sobremesa, de noz-moscada, ralada*
- *uma colher, de sobremesa, de açúcar refinado*
- *gotas de essência de opium (de boa qualidade)*

Como fazer
Junte os ingredientes e deixe a essência para pingar por último. Prepare um bom braseiro e vá colocando os elementos aos poucos e devagar. Acrescente algumas gotas da essência. Defume com calma, a partir da porta de entrada, pedindo pelo equilíbrio, pela paz etc. Defume as pessoas e também todos os cômodos. Deixe nos fundos da residência ou estabelecimento comercial e, ao se apagar, despache num gramado, em local tranquilo. Faça duas vezes por mês e muita paz!

DEFUMADOR 196
Para aliviar doenças, mal-estar e cansaço

Elementos
- *uma pequena quantidade de folhas e raiz de sapê*
- *cascas de duas cebolas roxas*
- *palha de alho roxo*

Como fazer
Misture os ingredientes e coloque-os, aos poucos, vagarosamente, em cima do braseiro. Comece a defumar desde os fundos, passando por todos os cômodos, e também defume as pessoas presentes, sempre fazendo seus pedidos. Ao chegar à porta da frente da casa

ou do comércio, deixe ali até se apagar. As sobras, leve para longe e despache num rio ou numa mata limpa. Faça duas vezes por mês ou até sentir o alívio desejado. Saúde!

DEFUMADOR 197
Para amenizar depressão, fadiga, tristeza

Elementos
- *folhas de alcachofra, secas e picadas*
- *folhas de algodoeiro, secas e picadas*
- *uma colher, de sopa, de açúcar mascavo*

Como fazer
Junte bem os elementos e vá colocando aos poucos sobre as brasas. Defume a partir dos fundos da residência ou do seu comércio, até a porta da frente. Passe primeiramente nas pessoas e depois em todos os cômodos, com calma e fazendo seus pedidos. Deixe num canto da porta de entrada, se puder, até se apagar. Leve as sobras para a rua e deixe embaixo de uma árvore sem espinhos. Faça uma vez por semana, durante um mês, e depois faça duas vezes por mês. Saúde!

DEFUMADOR 198
Para limpar pessoa instável e ajudar a proporcionar segurança e dinamismo

Este defumador ajuda as pessoas com instabilidade emocional a sentir-se mais seguras e confiantes e ter condições de lutar para produzir sua própria independência e prosperidade.

Elementos
- *uma colher, de sopa, de sementes de girassol*
- *uma colher, de sobremesa, de canela em pó*
- *folhas de canela, desidratadas*
- *folhas de cravo-da-índia, desidratadas*

- *folhas de mãe-boa, desidratadas*
- *folhas de erva-pombinha, desidratadas*

Como fazer

Prepare um braseiro bem forte, junte os ingredientes e vá colocando aos poucos sobre ele. Defume a bem a pessoa, na frente e nas costas, e depois prossiga defumando as pessoas presentes e, a seguir, cada cômodo da residência, mentalizando sempre coisas positivas e boas. Deixe nos fundos da casa queimando até se apagar. Embrulhe as sobras e despeje numa praça movimentada e limpa, num canto gramado ou embaixo de uma árvore. Repita duas a três vezes por mês, ou até mais vezes se achar necessidade, ou se sentir que o ambiente tornou-se mais estável.

DEFUMADOR 199
Para trazer fortalecimento e energia

Elementos
- *folhas de arruda macho (se for para homem) ou arruda fêmea (se for para mulher), secas*
- *folhas de guiné, secas*
- *folhas de desata-nós, secas*
- *uma colher, de sopa, de açúcar mascavo*

Como fazer

Faça um braseiro bem forte. Misture os ingredientes e vá colocando aos poucos por cima das brasas. Deixe a fumaça brotar e comece a defumar desde a porta da entrada, defumando primeiro você e as demais pessoas presentes. Continue em todos os cômodos, calmamente, pedindo com fé, usando a força do Astral a seu favor. Quando chegar aos fundos, deixe queimar até se apagar. Leve as sobras para a rua e ponha em uma praça, num canto reservado e limpo, no meio de plantas. Faça uma a duas vezes por mês, ou conforme sua necessidade.

DEFUMADOR 200
Para trazer movimento, energia e alegria para pessoas depressivas, desiludidas

Muitas vezes é necessário um médico para assistir a pessoa, mas isso não invalida o uso do defumador, que ajuda espiritualmente, clareando a vida astral.

Elementos
- *essência de pêssego*
- *essência de sândalo*
- *essência de café*
- *folhas de alecrim*
- *duas colheres, de sopa, de açúcar cristal*

Como fazer
Junte o alecrim e o açúcar, e coloque por cima de um braseiro. Deixe a fumaça levantar e espalhar-se. Acrescente, a seguir, algumas gotas das essências. Defume bem a pessoa que se encontra depressiva com essa fumaça cheirosa, na frente e nas costas. A seguir, passe o defumador da porta da frente até os fundos da casa, nas pessoas e nos cômodos, especialmente onde a pessoa dorme. Deixe-o queimar num canto até se apagar. Na primeira semana faça às segundas, quartas e sextas-feiras. Depois faça duas vezes por semana e, a seguir, de 15 em 15 dias, até sentir que a pessoa está adquirindo mais alegria e vontade de viver.

DEFUMADOR 201
Para trazer tranquilidade, paz, equilíbrio

Este defumador é excelente para acalmar ambientes onde haja intranquilidade, desarmonia, brigas.

Elementos
- *uma colher, de sopa, de sementes de girassol*

- *folhas de macela (ou marcela), desidratadas*
- *folhas de poejo*
- *folhas de colônia*
- *três gotas de essência de baunilha*

Como fazer

Junte os ingredientes, menos a essência, e coloque por cima de um braseiro forte. Quando começar a surgir a fumaça, pingue a essência e defume desde a porta da entrada da casa ou do estabelecimento comercial. Não tenha pressa. Defume com calma as pessoas presentes e todos os cômodos, fazendo seus pedidos, mentalizando a paz, o entendimento entre as pessoas, a tranquilidade. No final, coloque num canto nos fundos e deixe queimando até se apagar. Posteriormente, coloque as sobras numa praça ou embaixo de uma árvore frondosa, florida, sem espinhos. Repita três vezes por mês, ou quando achar o ambiente intranquilo.

DEFUMADOR 202
Para ajudar a aliviar as dores do corpo e neutralizar o ambiente das forças negativas

Elementos
- *folhas de arnica-miúda ou de folha larga, secas e picadas*
- *uma colher, de sopa, de açúcar mascavo*
- *uma colher, de sopa, de farinha de mandioca*

Como fazer

Misture os elementos e vá colocando aos poucos em um braseiro forte. Comece a defumar dos fundos para a porta da frente, defumando primeiramente as pessoas que estiverem sentindo algum tipo de dor, e depois os demais. Defume também todos os cômodos da casa, vagarosamente, fazendo seus pedidos. Ao terminar, deixe num canto da porta de entrada até se apagar completamente. Posteriormente, leve somente as sobras e deixe numa praça. Repita uma vez por semana e depois faça duas vezes ao mês. Muita saúde!

DEFUMADOR 203
Para ajudar a aliviar as dores em geral, a depressão, a tristeza

Não podemos esquecer que a depressão, a tristeza, o estresse e a ansiedade são componentes poderosos para trazer doenças físicas graves e perigosas. Por isso, o melhor a fazer é combatê--los no começo, logo no início do seu aparecimento, porque, depois de instalados, as lutas serão grandes e mais difíceis. Conscientize-se de que você é um ser feito à imagem de Deus e que, portanto, tem muita ajuda espiritual e recebeu Dele muita força para lutar. Vamos usar a Natureza a nosso favor! Lute e sairá vencedor(a)!

Elementos
- *folhas de porangaba, desidratadas*
- *folhas de aroeira, desidratadas*
- *folhas de arnica*

Como fazer
Junte todos os elementos e coloque aos poucos por cima de um braseiro forte. Defume a pessoa necessitada, as demais pessoas presentes, e defume de dentro para fora, ou seja, desde a parte dos fundos da casa até a porta de entrada. Faça o defumador com calma, cômodo por cômodo, fazendo suas preces, seus pedidos, usando seu pensamento positivo que, com certeza, alcançará o resultado esperado. Deixe na parte da frente queimando até se apagar. Depois leve as sobras e coloque num gramado ou em uma praça. Faça duas vezes por mês, a princípio.

DEFUMADOR 204
Para aliviar e afastar o estresse, as perturbações e o desequilíbrio emocional

Elementos
- *um punhado de folhas de cajueiro, secas (ou desidratadas)*
- *folhas de colônia, secas (ou desidratadas)*
- *folhas de cana-do-brejo, picadas e secas (ou desidratadas)*
- *uma colher, de sopa, de açúcar cristal*

Como fazer
Faça um braseiro bem forte. Misture os ingredientes e coloque aos poucos sobre o braseiro. Quando a fumaça começar a surgir, defume a partir da porta da entrada da sua casa ou do seu estabelecimento comercial, defume as pessoas também e percorra todos os cômodos calmamente, fazendo seus pedidos com muita fé e equilíbrio. Leve até o final da residência e deixe num canto queimando até se apagar. Depois leve as sobras e coloque num gramado, numa praça ou embaixo de uma árvore sem espinhos. Repita uma vez por semana, durante um mês. Depois faça duas vezes por mês e você vai sentir a diferença: sua casa vai readquirir harmonia, paz, tranquilidade.

DEFUMADOR 205
Para ajudar a acalmar e aliviar a irritação da pele

A fumaça do defumador é um poderoso eliminador de certas negatividades, que muitas vezes permitem que doenças se instalem. Faça com fé, porém não se esqueça de seguir prescrições médicas – uma ajuda a outra.

Elementos
- *um punhado de erva-de-bicho, seca (ou desidratada)*
- *um pouco de erva-moura, seca (ou desidratada)*

- *flores e folhas de sabugueiro, secas (ou desidratadas)*
- *uma colher, de sopa, de açúcar cristal*

Como fazer
Prepare um braseiro bem forte. Junte os ingredientes e vá colocando aos poucos sobre o braseiro. Comece a defumar desde a parte dos fundos e defume primeiro a pessoa, calmamente, fazendo seus pedidos com firmeza. Defume a casa em todos os cômodos e deixe queimando na parte da frente, até se apagar. Posteriormente, leve as sobras para uma praça longe de sua casa.

Faça este defumador uma vez por semana durante um mês, para perceber o resultado.

DEFUMADOR 206
Para trazer paz, equilíbrio e ajudar a combater a insônia

Às vezes, a pessoa não dorme bem porque o ambiente onde vive, ou onde trabalha, está carregado. A fumaça deste defumador, tão suave mas também tão poderoso, tem a condição de neutralizar e de combater a falta de sono. Experimente.

Elementos
- *folhas de erva-cidreira miúda ou erva-cidreira de jardim, secas*
- *um pouco de casca de maçã, desidratada*
- *pétalas de três rosas-brancas, secas*

Como fazer
Misture todos os elementos e vá colocando aos poucos por cima de um braseiro, num incensório. Comece a defumar desde a porta de entrada, defume as pessoas e, a seguir, calmamente, cômodo por cômodo, fazendo seus pedidos e mentalizando paz, calmaria, só coisas boas e positivas. Defume até os fundos da casa e deixe num canto até se apagar. Depois leve as sobras e ponha num gramado, numa praça ou deixe embaixo de uma árvore.

fontes ITC Stone Serif Std, Smitten e Eidetic Modern
papel offset 75g/m²
impressão Gráfica Reproset, novembro de 2023
1ª edição